中华诗礼文化

ZHONGHUA SHILI WENHUA

（第二册）

赵永江　主编

中国海洋大学出版社
· 青岛 ·

图书在版编目（CIP）数据

中华诗礼文化 / 辛培文，张树堂主编 . -- 青岛：中国海洋大学出版社，2023.12

ISBN 978-7-5670-3693-2

Ⅰ. ①中⋯ Ⅱ. ①辛⋯ ②张⋯ Ⅲ. ①《诗经》－诗歌研究②礼仪－研究－中国－古代 Ⅳ. ①I207.222②K892.9

中国国家版本馆 CIP 数据核字（2023）第 212414 号

出版发行	中国海洋大学出版社				
社　　址	青岛市香港东路 23 号		邮政编码	266071	
出 版 人	刘文菁				
网　　址	http://pub.ouc.edu.cn				
订购电话	0532－82032573（传真）				
责任编辑	孙宇菲　刘　琳		电　　话	0532－85902349	
印　　制	青岛泰兴印刷有限公司				
版　　次	2023 年 12 月第 1 版				
印　　次	2023 年 12 月第 1 次印刷				
成品尺寸	185 mm ×260 mm				
印　　张	39.25				
字　　数	888 千				
印　　数	1—3 600				
定　　价	180.00 元（共 3 册）				

发现印装质量问题，请致电 0532-83812887，由印刷厂负责调换。

"中华诗礼文化"丛书

主　编　辛培文　张树堂

第二册

主　编　赵永江

副主编　王芳华　李　丽　来晓丹

编　委　（按姓氏笔画排列）

王芳华　王春晓　冯其光　李　丽

杨昌同　来晓丹　肖　慧　辛培文

张树堂　张晓丽　张朝恒　林　涛

赵永江　程胜安

凡 例

一、丛书为中华传统文化典籍选本，以诗礼文化为核心，兼及中国古代物质文化。

二、丛书每一册均按传统经、史、子、集四部排序，四部典籍分类以《四库全书总目》与《续修四库全书总目》为主要依据。

三、丛书涉及《四库全书总目》经、史、子、集四部中除"子部·释家"之外的43类典籍，并根据《续修四库全书总目》于集部末附"小说类"篇目，以期概览中华传统文化。

四、历代诗词曲（《诗经》《楚辞》外）均归入集部别集类，各册按年代独立编排，以便诵习。

五、每册经、史、子、集各部均构成独立单元，并各附"文化记忆"一节，以专题形式贯通诗礼文化各个重要元素。

六、丛书各篇章宜相互参读。经部义理可以参证史部事实；集部诗文亦可参阅子部撰述。具体而言，太白诗文可参读太白传记，太史公《张良纳履》可参读东坡《留侯论》，以求贯通；《营造法式》章节则可参照"文化记忆·古代建筑"，以博其趣。此不一一列举。

七、丛书力避小学教材所选诗文，以期拓宽视野，获取新知；于中学文史教材则不避，以期系统完备，日后学有余力。

八、史部选文，第一册正文多为据史改编的故事，基于原文，贴近口语，以便初习；史籍原文附后，以便日后参读。第二、三册则以原文为正文，以见梯次，以求进益。

九、各章节均由按语、原文、注释、译文（诗词曲、古典白话小说和资料性书籍不译）与相关拓展内容构成。

十、经典作品经得起多视角的解读，丛书所加按语仅作某一方面的提示，以供诵习之助。

十一、书页背景图均为古人画作，山水花鸟、人物器服，诗文图画，意在切合，而仅得仿佛，唯在参览意会增添兴味而已；文物服饰、楼观草木之插图，择要略例，唯示博览通识之门径，以启格物致知之兴趣。

目　录

·经 部·

·史 部·

·子 部·

·集 部·

经部

经部，我国古代图书四部分类法（经、史、子、集）中的第一大类，也叫甲部。其中包括"四书""五经"等儒家经典和文字音韵、训诂方面（小学类书籍）的著作。《四库全书总目》将经部分为十类：易、书、诗、礼、春秋、孝经、五经总义、四书、乐、小学。

1 《周易》二则

"君子"一词，今天主要指品德高尚的人，这个概念源于孔子。对儒家的"君子"概念，我们已经非常熟悉了。下面我们就来看一看，中国最古老的经典、被誉为"群经之首"的《易经》，是怎样从天地之道中提示君子砥砺品行、培养美德的。

《象》①曰：天行健，君子以自强不息②。

——《乾卦》

《象》曰：地势坤③，君子以厚德载物④。

——《坤卦》

注释

① 象：《周易》中的"象"字，即形象。有两义：一指《周易》的卦形和卦爻辞；二指"十翼"中的《象传》，旨在阐释卦象、爻象的象征意义。此处取第二种解释。

② 自强不息：指"君子"效法《乾卦》"健行"之象，立身、行事始终奋发不止。

③ 地势坤："坤"皆为"地"之象。

④ 厚德载物：这是说明"君子"效法"地"厚实和顺之象，增厚其德以载万物。

译文

《象传》说：天道的运行刚强劲健，君子因此不停地自我奋发图强。

《象传》说：大地的气势厚实和顺，君子因此厚育美德、容载万物。

拓展

《乾卦》是《周易》六十四卦的第一卦，由六个阳爻组成，卦象是天，天性刚健，变化无穷，因此《乾卦》各爻以龙来作比喻。一条巨龙从地下飞跃到高空，我们仿佛看到一个人不断蓄力成长、不断发展壮大的过程。《乾卦》也提醒我们月盈则亏、物极必反，要把握自然规律，砥砺前行，自强不息。

乾卦：元亨利贞。

上九：亢龙有悔。

九五：飞龙在天，利见大人。

九四：或跃在渊，无咎。

九三：君子终日乾乾，夕惕若厉，无咎。

九二：见龙在田，利见大人。

初九：潜龙勿用。

用九：见群龙无首，吉。

宋·郭熙《树色平远图》

2 《周易》一则

  《周易》作为中国古代的一部哲学书籍，是中华传统文化之根，对中华文化影响巨大，囊括了天文、地理、人文、军事、农业等诸多领域丰富的知识。下面一则表述了志同道合的君子之交。

  子①曰："君子之道②，或③出④或处⑤，或默或语。二人同心，其利⑥断⑦金。同心之言，其臭⑧如兰。"

——《系辞上》

注释

  ① 子：古人对自己老师的尊称，这里指孔子。

  ② 道：道德（是人们行为的准则和规范）。

  ③ 或：或者，表示选择或列举。

  ④ 出：出仕为官。

  ⑤ 处：居家不仕，隐居。

  ⑥ 利：锋利，引申为有利。

  ⑦ 断：砍断，引申为判断，决断。

  ⑧ 臭（xiù）：同"嗅"，闻气味。

译文

  孔子说："君子处事待人的道理，有时可以外出做事，有时要安居静处，有时保持沉默，有时可以畅所欲言。二人心志一致，就能取得非常大的效果，发挥极大的力量。心意相同的语言，气味就像兰花一样芳香。"

拓展

  《坤卦》是《周易》六十四卦的第二卦，由六个阴爻组成，卦象是地，地性柔顺。《坤卦》的六爻形象生动地揭示了大地上不同时位的发展变化。黄宗羲在《易学象数论》中曾以田间的农事活动情况来解读其不同阶段的变化情况。"初六，履霜，坚冰至。"此可以视为大地尚在冰封之中。"六二，直方大，不习，无不利。"大地向四方延展，人们开始农事劳作。"六三,含章可贞。"五谷含章,庄稼开始成熟。"六四,括囊,无咎无誉。"又到了收获的季节,人们收获粮食,扎紧口袋。"六五,黄裳,元吉。"人们换上新衣,开始了庆祝活动。"上六,龙战于野,其血玄黄。"发展至上六,大地成为疆场,人们将面临新的挑战。《坤卦》告诉我们要不断充实自己,恢宏心胸,容载万物,还要见微知著,迎接挑战。

坤卦:元亨,利牝马之贞。君子有攸往,先迷后得主,利;西南得朋,东北丧朋,安贞吉。

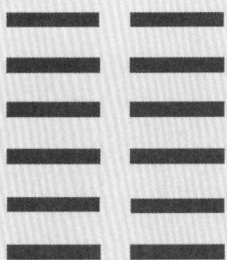

上六:龙战于野,其血玄黄。

六五:黄裳,元吉。

六四:括囊,无咎无誉。

六三:含章可贞,或从王事,无成有终。

六二:直方大,不习,无不利。

初六:履霜,坚冰至。

用六:利永贞。

元·佚名《林亭秋色图》

3 《尚书》二则

在中国传统文化中,有著名的十六字心传"人心惟危,道心惟微,惟精惟一,允执厥中",十六字铭文"惟天聪明,惟圣时宪,惟臣钦若,惟民从乂"。其意义分别是什么呢?

人心惟危,道心惟微,惟①精惟一,允执厥中②。

——《大禹谟》

惟天聪明,惟圣时宪③,惟臣钦④若⑤,惟民从乂⑥。

——《说命》

注 释

① 惟:思维,思想。

② 允执厥中:简称为执中,即守性不移。允,是诚信的意思。允执,就是平心静气、静观执守,不离自性。厥中,就是其中。

③ 时宪:效法它。时,代词。宪,效法。

④ 钦:敬。

⑤ 若:顺。

⑥ 乂(yì):此字始见于商代甲骨文及商代金文,本义是指割草或收割谷类植物,后来假借为治理、安定等义。

译 文

个人的思想是危险的,大道的内涵是精微的,我们要从内心深处始终如一地坚守,精诚而恳切地坚持,才能真正秉持不偏不倚的中和之道。

上天聪明公正,圣主效法它,臣下敬顺它,人民就顺从治理了。

拓 展

《尚书》所录,为虞、夏、商、周各代典、谟、训、诰、誓、命等文献。其中,虞、夏及商代部分文献是据传闻而写成,不尽可靠。"典"是重要政绩与典章的记载;"谟"是君臣谋略的记录;"训"是臣劝谏君主的话;"诰"是晓谕天下的文告;"誓"是君主训诫士众的誓词;"命"是君主的命令。

明·董其昌《仿宋元人缩本画跋册》

4 《尚书》一则

微山因微国而得名,湖又因山而取名,县也因山而冠名,这些都源自微子。微子是殷纣王的兄长,孔子及宋襄公的祖先。周武王灭纣王后,封微子启于宋地,后来作《微子之命》。

惟稽古,崇德①象贤②。统承先王,修其礼物,作宾于王家,与国咸③休④,永世无穷。

——《微子之命》

注释

① 崇德:尊崇有德的人。
② 象贤:效法先贤。
③ 咸:都。
④ 休:美好。

译文

考察古代,有尊崇盛德、效法先贤的制度。继承先王的传统,修治他的礼制文物,作为王家的贵宾,同王家一样美好,世世代代没有穷尽。

拓展

微子,子姓,宋氏,名启,商王帝乙的长子、商纣王帝辛的长兄,是宋国开国国君。周朝初年,子启被周成王封于商朝旧都商丘,建立宋国,爵位公爵,特准其用天子礼乐奉商朝宗祀,成为周朝宋国的开国始祖,后世称为宋微子。

元·盛懋《秋溪钓庭图》

5 诗经·关雎

　　两千多年前的"窈窕淑女",虽然因时间流逝而有些模糊,但仍令人向往。她的翩翩衣袂在中国文学史的长河中漂荡着,红颜不老,不断引人遐思。子曰:"《关雎》乐而不淫,哀而不伤。"意思是说《关雎》这首诗,快乐而不是没有节制,哀怨而不至于悲伤。阅读时要用心体会。

　　　　关关①雎鸠②,在河之洲。窈窕③淑女④,君子⑤好⑥逑⑦。
　　　　参差⑧荇菜⑨,左右流⑩之⑪。窈窕淑女,寤寐⑫求之。
　　　　求之不得,寤寐思服⑬。悠哉悠哉,辗转反侧⑭。
　　　　参差荇菜,左右采之。窈窕淑女,琴瑟友之⑮。
　　　　参差荇菜,左右芼⑯之。窈窕淑女,钟鼓乐之⑰。

注 释

① 关关:雎鸠和鸣声。

② 雎(jū)鸠(jiū):一种水鸟名。

③ 窈窕:容貌美好。

④ 淑女:好姑娘。淑,善,品德贤良。

⑤ 君子:《诗经》中贵族男子的通称。

⑥ 好:男女相悦。

⑦ 逑:配偶。

⑧ 参差:不齐。

⑨ 荇(xìng)菜:生长在水里的一种植物,叶片呈心形,浮在水上,可以吃。

⑩ 流:取。

⑪ 之:代指荇菜。

⑫ 寤寐:醒和睡,此处指日夜。寤,醒觉。寐,入睡。

⑬ 服:思念。

⑭ 辗转反侧:躺在床上翻来覆去睡不着。形容心里有所思念或心事重重。

⑮ 琴瑟友之:弹琴鼓瑟来亲近她。琴、瑟,皆指弦乐器。友:用作动词,此处有亲近之意。

⑯ 芼(mào):挑选。

⑰ 钟鼓乐之:用钟鼓奏乐来使她快乐。

　　《国风》是《诗经》中的周代民歌,包括自西周初年至春秋中叶的民间歌曲,以丰富多彩的画面反映了劳动人民的现实生活,是我国现实主义诗歌的源头。《国风》用简朴的语言描摹事物,以朴素的生活画面反映社会现实,这种现实主义创作方法成为它显著的艺术特点。

清·王鉴《仿古山水》

6　诗经·蒹葭①

　　《蒹葭》是一首美的典范：它以精妙绝伦的语言成就了唯美的意象，带领我们进入了一个空灵的境界。当这首诗凝结为经典的同时，也在试图唤醒我们尘封已久的古典审美知觉。

　　蒹葭苍苍②，白露为③霜。所谓④伊人⑤，在水一方。溯洄从之⑥，道阻⑦且长。溯游⑧从之，宛⑨在水中央。

　　蒹葭萋萋⑩，白露未晞⑪。所谓伊人，在水之湄⑫。溯洄从之，道阻且跻⑬。溯游从之，宛在水中坻。

　　蒹葭采采，白露未已。所谓伊人，在水之涘。溯洄从之，道阻且右。溯游从之，宛在水中沚⑭。

注释

　　① 蒹（jiān）葭（jiā）：中国古代现实主义诗集《诗经》中的一篇。《蒹葭》有着《诗经》中"最美的诗"的称号。清人牛运震说它是"《国风》第一篇缥缈文字"。王国维在《人间词话》中也说："《诗·蒹葭》一篇，最得风人深致。"蒹，荻。葭，芦。

　　② 苍苍：茂盛的样子。下文"萋萋""采采"义同。

　　③ 为：凝结成。

　　④ 所谓：所说，这里指所怀念的。

　　⑤ 伊人：那个人。

　　⑥ 溯洄从之：意思是沿着河道向上游去寻找她。溯洄，逆流而上。从，追，追求。

　　⑦ 阻：险阻，难走。

　　⑧ 溯游：顺流而涉。游，通"流"，指直流。

　　⑨ 宛：仿佛。

　　⑩ 萋萋：茂盛的样子，文中指芦苇长得茂盛。

　　⑪ 晞（xī）：干。

　　⑫ 湄（méi）：岸边。

　　⑬ 跻：升高，这里形容道路又陡又高。

　　⑭ 沚（zhǐ）：小渚（zhǔ），水中间的小块陆地。

拓 展

　　《国风·秦风》是《诗经》十五国风之一,为秦地民歌,共 10 篇。东周初,因秦襄公护送周平王东迁有功,开始列为诸侯,秦改建都于雍,从此逐渐强大起来。其统治区域大致包括今陕西中部和甘肃东南部。"秦风"就是这个区域的诗。

7　诗经·鹤鸣

这首《鹤鸣》，使游人看到了美丽的风景，隐士读到了悠闲的喜悦，政治家悟出了治国之道。

鹤鸣于九皋①，声闻于野。鱼潜在渊②，或在于渚③。乐彼之园，爰④有树檀⑤，其下维萚⑥。它山之石，可以为错。

鹤鸣于九皋，声闻于天。鱼在于渚，或潜在渊。乐彼之园，爰有树檀，其下维谷。它山之石，可以攻玉⑦。

注　释

① 九皋：众多沼泽地。九，虚数，指沼泽之多。皋，沼泽地。

② 渊：深水，潭。

③ 渚：水中小洲，此处指水滩。

④ 爰（yuán）：于是。

⑤ 檀（tán）：古书中称檀的木很多，常指豆科的黄檀、紫檀。

⑥ 萚（tuò）：酸枣一类的灌木。

⑦ 攻玉：指将玉石琢磨成器。朱熹《诗集传》："两玉相磨不可以成器，以石磨之，然后玉之为器，得以成焉。"

拓　展

《小雅》是《诗经》中的一部分，创作于西周初年至末年，共有74篇。《小雅》描述了周代绚丽多彩的社会生活和特殊的文化形态，揭示了周人的情感世界和精神风貌。它立足于社会现实生活，其中的祭祀、宴饮、农事是周代社会经济和礼乐文化的产物。

8 《礼记·檀弓》一则

做人要有骨气。所谓有骨气就是,无论何种境遇下,都能坚守心中的信念。泱泱中华,历朝历代都不缺少有骨气的人。"不为五斗米而折腰"的陶渊明是这样的人;牧羊十九载不肯屈服于匈奴的苏武是这样的人;不惧生死,一片丹心的文天祥是这样的人;那位籍籍无名"不食嗟来之食"的廉者也是这样的人。

齐大饥。黔敖①为食②于路,以待饿者而食之。有饿者蒙袂③辑屦④,贸贸然⑤来。黔敖左奉⑥食,右执⑦饮,曰:"嗟⑧!来食!"扬其目而视之,曰:"予⑨唯不食嗟来之食,以至于斯也。"从而谢⑩焉,终不食而死。

注释

① 黔敖(qián áo):春秋时期齐国的贵族。

② 食(sì):给……吃。

③ 蒙袂(mèi):用衣袖遮着脸。袂,衣袖。

④ 辑屦(jù):身体沉重迈不开步子的样子。辑,拖。屦,古代用麻、葛制成的鞋。

⑤ 贸贸然:眼睛看不清而跌撞前行的样子。

⑥ 奉:同"捧",端着。

⑦ 执:拿着。

⑧ 嗟(jiē):语气词,喂。

⑨ 予:我。

⑩ 谢:表示歉意。

译文

齐国有严重的饥荒。黔敖在路边准备好饭食,供路过的饥饿的人来吃。有个饥饿的人用衣袖蒙着脸,脚步拖拉,两眼昏昏无神地走来。黔敖左手端着食物,右手端着汤,说道:"喂!来吃吧!"那个饥民抬起眼睛看着他,说:"我正因为不吃别人施舍的食物,才落得这个地步!"黔敖追上前去向他道歉,但他最终因为不吃而饿死了。

拓 展

宋·李涂《文章精义》："《国语》不如《左传》,《左传》不如《檀弓》,叙晋献公、骊姬、申生一事,繁简可见。"

清·汪有光《檀弓精华》："《檀弓》有三长,非他书可及:一曰蓄意,二曰布疑,三曰流韵。登峰造极,则斯篇矣。"

清·王鉴《湘碧居士仿古册》

9　《礼记·檀弓》一则

宁愿以身饲虎也不舍其地,那悲凄老妇的一席话,那一条条离去的生命,是对当政者尤其是对昏庸残暴者的血泪控诉。

孔子过泰山侧,有妇人哭于墓者而哀。夫子式①而听之,使子路问之曰:"子之哭也,壹似②重有忧③者。"而曰:"然,昔者吾舅④死于虎,吾夫又死焉,今吾子又死焉。"夫子曰:"何为不去也?"曰:"无苛政⑤。"夫子曰:"小子⑥识⑦之,苛政猛于虎也。"

注释

① 式:通"轼",指车前的扶手横木。这里用作动词,意为扶着轼。
② 壹似:确实像,很像。
③ 重有忧:连着有了几件伤心事。重,重叠。
④ 舅:当时称丈夫的父亲为舅,即公公。
⑤ 苛政:包括苛刻的政令、繁重的赋役等。苛,苛刻,暴虐。
⑥ 小子:古时长者对晚辈的称呼。这里指孔子称他徒弟。
⑦ 识(zhì):通"志",记住。

译文

孔子经过泰山脚下,有一个妇人在墓前哭得很悲伤。孔子扶着车前的横木听妇人的哭声,让子路前去问那个妇人。子路问道:"您这样哭,实在像连着有了几件伤心事似的。"(妇人)就说:"就是这样的,之前我的公公被老虎咬死了,后来我的丈夫也被老虎咬死了,现在我的儿子又被老虎咬死了!"孔子问:"那为什么不离开这里呢?"(妇人)回答说:"(这里)没有苛刻的政令、繁重的赋役。"孔子说:"你们要记住这件事,苛刻的政令、繁重的赋役,比老虎还要凶猛可怕啊!"

拓展

清·刘熙载《艺概·文概》:"《檀弓》语少意密,显言直言所难尽者,但以句中之眼、文外之致含藏之,已使人自得其实。是何神境!"

清·樊圻《山水册页》

10 《礼记·乐记》一则

音乐可以洞察人的心境，可以表现世事人心的变化，反映出社会的跌宕起伏。

凡音者，生人心者也。情动于中，故形于声。声成文①，谓之音。是故治世②之音安以乐，其政和。乱世之音怨以怒，其政乖③。亡国之音哀以思，其民困。

注 释

① 文：这里指条理。
② 治世：太平盛世。
③ 乖：违背。

译 文

所有的音乐都出于人对外界事物的感受。感情动于心中，所以就表现为声。把声组成动听的曲调，就叫作音乐。所以太平盛世的音乐安详欢乐，说明当时政治的宽和。混乱世道的音乐曲调怨怒，说明当时政治的紊乱。亡国之音，其曲调哀伤而深沉，说明当时人民的困苦。

拓 展

是故其哀心感者，其声噍以杀。其乐心感者，其声啴以缓。其喜心感者，其声发以散。其怒心感者，其声粗以厉。其敬心感者，其声直以廉。其爱心感者，其声和以柔。六者，非性也，感于物而后动。

——《礼记·乐记》

清·王鉴《仿古山水》

11 《左传》选篇

[春秋] 左丘明

"金无足赤,人无完人",世界上不存在十全十美的人,每个人都会犯错误。犯了错误,关键是看怎样面对。勇于承认自己的错误是有责任心、有担当的表现。

人谁无过?过而能改,善莫大焉。《诗》曰:"靡不有初,鲜克有终。"夫如是,则能补过者鲜矣。君能有终,则社稷之固也,岂惟群臣赖之。又曰:"衮①职有阙②,惟仲山甫③补之。"能补过也。君能补过,衮不废矣。

——《宣公二年》

注 释

① 衮:天子的礼服,借指天子,这里指周宣王。
② 阙:同"缺",缺失。
③ 仲山甫:周宣王卿士,辅佐宣王中兴。

译 文

谁能没有过失呢?有了过失而能够改正,那就没有比这再好的了。《诗经》说:"没有人做事不肯善始,但很少有人可以善终。"如果这样,那么弥补过失的人就太少了。您如果能始终坚持向善,那么国家就有了保障,而不只是臣子们有了依靠。《诗经》又说:"周宣王有了过失,只有仲山甫来弥补。"这是说周宣王能补救过失。国君能够弥补过失,君位就不会失去了。

拓 展

清·刘熙载《艺概·文概》:"杜元凯序《左传》曰:'其文缓。'吕东莱谓:'文章从容委曲而意独至,惟《左氏》所载当时君臣之言为然。盖鑪圣人余泽未远,涵养自别,故其辞气不迫如此。'此可为元凯下一注脚。盖'缓'乃无矜无躁,不是弛而不严也。"

12　孝经·开宗明义

　　《孝经》告诉我们，爱护好自己的身体，不敢损伤，是孝敬父母的起点。培养崇高的道德情操，有所作为，乃至扬名后世，是孝道的终极目标。这种阐述，意义深远，我们不仅要熟读记诵，更要在学习生活中勉力而为。

　　仲尼①居②，曾子③侍④。子曰："先王⑤有至德要道，以顺⑥天下，民用⑦和睦，上下⑧无怨。汝⑨知之乎？"曾子避席⑩曰："参不敏⑪，何足⑫以知之？"子曰："夫孝，德之本也，教之所由生也。复坐⑬，吾语汝。身体发肤，受之父母，不敢毁伤，孝之始也。立身⑭行道⑮，扬名于后世，以显父母，孝之终也。夫孝，始于事亲，中于事君，终于立身。《大雅》云：'无⑯念⑰尔祖⑱，聿⑲修厥⑳德。'"

注　释

　　① 仲尼：孔子的字。

　　② 居：闲坐。

　　③ 曾子（前505—前435）：名参，字子舆，孔子的弟子。

　　④ 侍：卑者侍奉在尊者之侧。侍有坐有立，此处当为侍坐在侧。

　　⑤ 先王：指古代的圣德之王，如唐尧、虞舜、夏禹、商汤。

　　⑥ 顺：顺从，使天下人心顺服。

　　⑦ 用：因而，由此。

　　⑧ 上下：指各种人。

　　⑨ 汝：你。此处指曾参。

　　⑩ 避席：离席而立。曾参本侍坐于侧，因孔子问话，曾参为表示对老师的恭敬，因而起身离开座席，站立回答。

　　⑪ 不敏：为曾参自谦之词，意思是愚钝、鲁钝。

　　⑫ 足：够得上，配得上。

　　⑬ 复坐：重新坐下。

　　⑭ 立身：树立自身于天地之间，指有崇高的道德修养，成就功名与事业。立，树立，成就。

　　⑮ 行道：实行天下的大道。

⑯ 无:发声词,无义。

⑰ 念:想念。

⑱ 尔祖:你的先祖。

⑲ 聿:语助词。

⑳ 厥:代词,其,指文王。

译文

孔子在家里闲坐,他的学生曾参侍坐在旁边。孔子说:"古代的圣德贤王有至高无上的品行,掌握着最重要的事物之理,以其使天下人心归顺,百姓和睦相处。人们无论是尊贵还是卑贱,都没有怨恨不满。你知道这是为什么吗?"曾子站起身来,离开自己的座位恭敬地回答:"学生我不够聪敏,哪里能知道其中的道理呢?"孔子说:"孝,是道德的根本,对百姓的教化也是从孝中产生的。你先回到位置上坐下,我来告诉你。人的身体四肢、毛发皮肤,都是父母赐予我们的,不敢予以损毁伤残,这是遵从孝道的开始。人在世上遵循仁义道德,有所建树,显扬名声于后世,从而使父母显赫荣耀,这是孝的终极目标。所谓孝,最初是从侍奉父母开始,然后效力于国君,最终建功立业,功成名就。《诗经·大雅》中说过:'怎么能不追念你先祖的德行呢?要修行先祖的美德啊!'"

拓展

《孝经》,儒家十三经之一,是阐述孝道和孝治思想的儒家经典著作,也是历代儒客研习之核心经典。该书是孔子"七十子之徒之遗言",成书于秦汉之际。现在通行的版本是唐玄宗李隆基注、宋代邢昺的《疏孝经注疏》,共 18 章。

明·文徵明《扇面山水图》

13　程氏经说·诗解（节选）

　　中国诗歌源远流长，自上古时期就有流传。《弹歌》《击壤歌》《卿云歌》等生动地反映了先民的生活与情志，虽然形式简短，但表达鲜活而生动。自孔子删《诗》，编订了西周初年至春秋中叶五百余年间的三百篇诗歌，中国诗歌便以四言诗的形式，以"思无邪"的审美诉求，正式开启了伟大的诗教传统。北宋理学家程颐在《诗经》阐解中，对此进行了简要的梳理。

　　虞①之君臣迭相赓②和，始见于《书》。夏商之世虽有作者，其传鲜矣。至周而世益，文人之怨乐，必形于言。政之善恶，必见刺美。至夫子之时，所传者多矣。夫子删之，得三百篇，皆止于礼义，可以垂世立教，故曰"兴于诗③"。

注释

　　① 虞：虞王朝是夏、商、周三代之前的一个王朝，古人也常将虞夏并称。"五经"之一的《尚书》，即以《虞书》为开篇。

　　② 迭相赓（gēng）和（hè）：相继进行（诗歌）唱和。

　　③ 兴于诗：出自《论语·泰伯》，即以诗歌来感发意志，触发人们向善求仁的自觉。

译文

　　虞代时，君臣多次以诗歌相互唱和，最早记载于《尚书》之中。到了夏、商时期，虽然也有进行诗歌创作的，但流传下来的很少。到了周朝，诗歌创作逐渐增多，文人的怨刺与快乐，都通过诗歌表达出来。对于政治的好坏，也从诗歌中表达怨刺与赞美。到了孔子的时候，流传的诗歌就多起来。孔子进行删削，得到了三百篇，其目的都在于宣扬礼义，可以作为后世的典范，实施教化，因此孔子说"兴于诗"。

拓展

　　《程氏经说》，编者不详，著录的主要是程颐对儒家经书的解读，内容包括《系辞》一、《书》一、《诗》二、《春秋》一、《论语》一、《改定大学》一。其中，《改定大学》也采录了程颢的解读。由于程颢和程颐在理学上的重要地位，《四库全书总目》对这部书进行了著录。

14　《程氏经说·论语说》一则

　　《论语·学而》的第一则"学而时习之,不亦说乎……"人们耳熟能详,也能理解其大意。古来解读《论语》者不下千余家,注疏面目各异,阐发深浅不一。而宋代理学家的解读影响最为深远,成为儒学思想的主流,深刻地影响了中华传统文化。读一读著名理学家程颐对《论语》的解读,相信你会有新的认识。

　　"学而时习之,不亦说乎?"习,重习也。时复思绎[①],浃洽[②]于中,则说也。"有朋自远方来,不亦乐乎?"以善及人,而信从者众,可乐也。"人不知而不愠,不亦君子乎?"虽乐于及人,不见是而无闷,乃所谓君子。

注　释

　　① 时复思绎:不断地思考、推理。
　　② 浃(jiā)洽:深入,融洽。

译　文

　　"学而时习之,不亦说乎?"学习,再学习。不断地思考、推理,心领神会,前后贯通,就是很愉快的事情。"有朋自远方来,不亦乐乎?"拿自己的善心推及别人身上,信任、跟从的人就会多,所以值得高兴。"人不知而不愠,不亦君子乎?"虽然乐于推己及人,但不被人认可,自己也并不烦忧和愤懑,这就是君子。

拓　展

　　五经总义类是四部分类中经部的门类之一,著录兼注群经的书。名为"五经总义",并非只局限于兼注《周易》《尚书》《诗经》《礼记》《春秋》等"五经",也包括《论语》《孝经》《孟子》等,原因是这些经典"均《五经》之流别,亦足以统该之矣"。

15 《中庸》第一章

作为《中庸》总纲的第一章，开头提出了这样的论点"天命之谓性，率性之谓道，修道之谓教"，我们个人理解的"天命""率性""道""教"是什么含义呢？人生中为人处世的智慧，道德的修养，圣贤子思在《中庸》中进行了深刻的阐述，让我们走入文中聆听圣人的教诲吧。

天命①之谓性，率②性之谓道，修③道之谓教④。

道也者，不可须臾离也，可离，非道也。是故君子戒慎乎其所不睹，恐惧乎其所不闻。莫见乎隐，莫显乎微。故君子慎其独也。

喜、怒、哀、乐之未发，谓之中；发而皆中节，谓之和。中也者，天下之大本也；和也者，天下之达道也。致中和，天地位焉，万物育焉。

注 释

① 命：赋予。
② 率：循，遵循。
③ 修：这里是修养、推行的意思。
④ 教：教化，政教。

译 文

上天所赋予人的就是本性，遵循着本性行事发展就是道，把道加以修明并推广于众就是教化。道，是不可以片刻离开的，如果可以离开，那就不是道了。所以，君子就是在没有人看见的地方也是谨慎小心的，在没有人听见的地方也是有所戒惧的。因此，君子要特别谨慎一个人独处的时候。人们喜怒哀乐的感情没有表露出来的时候无所偏向，叫作中；表现出来以后符合法度，叫作和。中，是天下万事万物的根本；和，是天下共行的普遍标准。达到"中和"的境界，那么，天地一切都各安其所，万物也都各遂其生了。

拓 展

《中庸》出自《礼记》，原本是《礼记》49 篇中的第 21 篇，是儒家经典著作，"四书"之一，宋元以后成为书院官定的教科书和科举考试的必读书。

清·钱维城《山水花鸟册》

16 《论语》二则

《论语》中孔子与弟子们关于《诗经》的探讨涉及多方面的内容,下面第一则是孔子指出学习《诗经》的意义,"兴观群怨"说也成为后世诗论的重要命题。第二则是对《关雎》的具体评价,这个评价也成为后世抒情诗实现中和之美的追求。

子曰:"小子何莫学夫《诗》?《诗》可以兴,可以观,可以群,可以怨。迩①之事父,远之事君。多识②于鸟兽草木之名。"

——《阳货篇第十七》

子曰:"《关雎》乐而不淫③,哀而不伤。"

——《八佾篇第三》

注 释

①迩(ěr):近。

②识:认得,知道。

③淫:过多。

译 文

孔子说:"你们为什么不学习《诗经》?《诗经》可以感发意志,可以观览风俗,可以和合众情,可以表达怨刺。近可以用来侍奉父母,远可以用来服侍君主。而且还可以多知道一些鸟兽草木的名字。"

孔子说:"《关雎》,快乐但不是没有节制,悲哀但不至于悲伤。"

拓 展

《关雎》之怡,《樛木》之时,《汉广》之智,《鹊巢》之归,《甘棠》之报,《绿衣》之思,《燕燕》之情,曷?曰:终而皆贤于其初者也。

——战国楚竹书《孔子诗论》(上海博物馆藏)

《关雎》书写爱情婚姻和谐,《樛木》书写君子时运,《汉广》书写婚姻理智和智慧,《鹊巢》书写出嫁迎娶,《甘棠》书写报恩思想,《绿衣》书写思念故人,《燕燕》书写送别之情,为什么?是说:这组诗最后都比开始有意义。

——徐正英《上博简〈孔子诗论〉〈关雎〉组诗论发微》,《文艺研究》2022 年第 1 期

17 《论语》一则

　　"学而不厌，诲人不倦"，这是我们从孔子与其弟子身上所看到的。在与学生讨论《诗经》的过程中，子贡在诗句中领悟出修身与礼乐之道，孔子称赞他"始可与言《诗》已矣"。

　　子贡曰："贫而无谄①，富而无骄，何如②？"子曰："可也。未若贫而乐，富而好礼者也。"

　　子贡曰："《诗》云：'如切如磋，如琢如磨'，其斯之谓与？"子曰："赐③也，始可与言《诗》已矣，告诸往而知来者。"

——《学而篇第一》

注 释

① 谄(chǎn)：巴结，奉承。
② 何如：怎么样。
③ 赐：孔子的弟子子贡的名字。

译 文

　　子贡说："人虽然贫穷却不巴结奉承，富有却不傲慢自大，怎么样？"孔子说："可以了。但不如贫穷却乐于道，富有却谦虚好礼。"

　　子贡说："《诗经》上说：'要像对待骨、角、象牙、玉石一样，切磋它，琢磨它'，说的就是这个意思吗？"孔子说："赐呀，现在可以和你讨论《诗经》了，你能从我讲过的话里领会到我还没有说的意思。"

拓 展

　　孔子弟子善问，直穷到底。如问"乡人皆好之何如"，曰"未可也"。便又问"乡人皆恶之何如"。又说"足食足兵，民信之矣"，便问"必不得已而去，于斯三者何先"，才说"去兵"，便问"不得已而去，于斯二者何先"，自非圣人不能答，便云"去食，自古皆有死，民无信不立"。不是孔子弟子不能如此问，不是圣人不能如此答。

——宋·程颐、程颢《二程集》

清·石涛《设色山水册》

18　君子三乐

《论语》中"有朋自远方来,不亦乐乎"是朋友志同道合的相聚之乐;"发愤忘食,乐以忘忧,不知老之将至"是夫子学无止境的发奋之乐;"知者乐水,仁者乐山"是圣人况怀喻德的体性之乐。那孟子认为君子的乐事有哪些呢?

孟子曰:"君子有三乐,而王天下不与存焉①。父母俱存,兄弟无故②,一乐也。仰不愧于天,俯不怍③于人,二乐也。得天下英才而教育之,三乐也。君子有三乐,而王天下不与存焉。"

——《孟子·尽心上》

注释

① 不与(yù)存焉:不参与这一存在,不算在这之内。与,参与。焉,于此,指三乐。
② 故:灾患疾病。
③ 怍(zuò):惭愧。

译文

孟子说:"君子有三件乐事,以仁德一统天下还不包括在其中。父母都健在,兄弟没有疾病灾患,这是第一件乐事。抬头不愧于天,低头不愧于人,这是第二件乐事。得到天下优秀人才,教导培养他们,这是第三件乐事。君子有三件乐事,但以仁德一统天下还不包括在其中。"

拓展

孟子曰:"君子有三乐,而王天下不与存焉。乐,音洛。王、与,皆去声,下并同。父母俱存,兄弟无故,一乐也。此人所深愿而不可必得者,今既得之,其乐可知。仰不愧于天,俯不怍于人,二乐也。程子曰:"人能克己,则仰不愧,俯不怍,心广体胖,其乐可知,有息则馁矣。"得天下英才而教育之,三乐也。尽得一世明睿之才,而以所乐乎己者教而养之,则斯道之传得之者众,而天下后世将无不被其泽矣。圣人之心所愿欲者,莫大于此,今既得之,其乐为何如哉?君子有三乐,而王天下不与存焉。林氏曰:"此三乐者,一系于天,一系于人。其可以自致者,惟不愧不怍而已,学者可不勉哉?"

——宋·朱熹《四书章句集注·孟子集注·尽心章句上》

19 《孟子》一则

告子以水喻人，认为人性无善恶之分。孟子借水发挥，一句"无分于上下乎"表达了自己"人性之善如水之就下"的观点。孟子的雄辩风范令人钦佩。

告子①曰："性犹湍水②也，决诸东方则东流，决诸西方则西流。人性之无分于善不善也，犹水之无分于东西也。"

孟子曰："水信无分于东西。无分于上下乎？人性之善也，犹水之就下也。人无有不善，水无有不下。今夫水，搏而跃之，可使过颡③；激而行之，可使在山。是岂水之性哉？其势则然也。人之可使为不善，其性亦犹是也。"

——《告子上》

注 释

① 告子：生平不详，可能做过墨子的学生，较孟子年长。
② 湍（tuān）水：急流的水。
③ 颡（sǎng）：额头。

译 文

告子说："人性好比急流的水，在东方开了缺口它便朝东流，在西方开了缺口便朝西流。人的本性不分善恶，正好比水流不分东西一样。"

孟子说："水流的确不分东西，难道也不分高低吗？人性本是善良，正好比水总是朝下流。人的本性没有不善良的，水没有不朝下流的。现在那儿有一汪水，拍它而让它涌起来，可以溅得高过额头；抽水使它倒流，可以引上高山。但是这难道是水的本性吗？外在形势迫使它这样罢了。人之所以能够做坏事，也是因为本性受外在形势的影响。"

拓 展

清·刘熙载《艺概·文概》："《孟子》之文，百变而不离其宗，然此亦诸子所同。其度越诸子处，乃在析义至精，不惟用法至密也。"

20　诸经言声

〔清〕毛奇龄

子曰:"兴于诗,立于礼,成于乐。"以此可见,在古代教育观念中音乐对于一个人成长的重要性。中国音乐自成体系,自有传统,而"五音""六律"是古代音乐的基本概念。

诸经论乐但有声而无数,以其但言声律,并未言生娶损益及管籥①尺度也。孟子曰:"不以六律,不能正五音。""六律""五音"皆乐之声。故《周礼·春官》:"大师掌六律、六同以合阴阳之声。阳声:黄钟、太簇、姑洗、蕤宾、夷则、无射。阴声:大吕、应钟、南吕、函钟、小吕、夹钟②。皆文之以五声:宫、商、角、徵、羽③;皆播之以八音:金、石、土、革、丝、木、匏、竹④。"

——《竟山乐录》

注释

① 管籥(guǎn yuè):亦作"筦籥",两种乐器名。

② 黄钟、太簇、姑洗、蕤宾(ruí bīn)、夷则、无射(yì)、大吕、应钟、南吕、函钟、小吕、夹钟:古乐十二律,《吕氏春秋》始以律与历附合,以十二律应十二月,又名十二月律。

③ 宫、商、角(jué)、徵(zhǐ)、羽:我国传统五声音调名称,又称"五音"。

④ 金、石、土、革、丝、木、匏(páo)、竹:即所谓"八音",我国古代依据制作材料的不同,将乐器分成八个类别。

译文

经书论乐只提及乐声而没有音阶度数,因为经书只讲声律,不讲音阶增减以及乐器的具体尺度。孟子说:"不用六律,不能校正五音。""六律""五音"都是乐声。所以《周礼·春官》中说:"大师掌理六律、六同,以使阴声与阳声相配合。阳声是指黄钟、太簇、姑洗、蕤宾、夷则、无射(六律);阴声是指大吕、应钟、南吕、函钟、小吕、夹钟(六同)。(阳声和阴声)都用宫、商、角、徵、羽五声来表达,都用金、石、土、革、丝、木、匏、竹八音来传播。"

拓 展

　　毛奇龄（1623—1716），字大可，号秋晴，浙江绍兴府萧山县人。经学家、文学家，清初曾参与抗清活动。康熙十八年（1679）举荐为博学鸿词科，充明史馆纂修官，治经史及音韵学。著述丰富，有《西河合集》400余卷。

清·杨晋《唐解元诗意图》

21 律吕阐微卷首（节选）

[清] 江 永

儒家非常重视音乐"宣豫导和"的教化作用，典籍中留下了许多关于音乐性质与功能的论断。其实我国早期的诗歌大多是配乐而行的，《史记·孔子世家》中即有"三百五篇（指《诗经》），孔子皆弦歌之"的记载。后来，诗乐逐渐分离，但词曲创作仍然与音乐密不可分。那么，什么样的声音可以成为音乐呢？音调的标准又是怎样的呢？

天地之间，形气相轧①而有声。大若雷霆，细至蠛蠓②，无非声也。而过大者已震，过小者已靡③，皆不可以为乐。其能为乐者，皆天地之中声。而黄钟之宫，又为中之中，其为商、角、徵、羽，皆黄钟一音之流行，而正宫调必以最中者为黄钟也。

注 释

① 相（xiāng）轧（zhá）：相互挤压。
② 蠛（miè）蠓（měng）：一种蚊虫。这里指小虫发出的微弱声音。
③ 靡（mǐ）：消散。

译 文

天地之间，物体与气流相互挤压从而发出声音。大的如雷声隆隆，小的至蚊虫嗡嗡，都是声音。然而声音太大的产生震动，声音太小的已经消散，都不能称为音乐。能称得上音乐的，都是天地之间的中和之声。而黄钟的宫调，又是中和之声的中心，其他如商、角、徵、羽，都是黄钟之声流行产生的，因此，校正宫调一定以黄钟为中心。

拓 展

江永（1681—1762），字慎修，徽州府婺源县（今属江西省）人。清代著名经学家，徽派学术的开创者。博通古今，尤精考据，著作有《明史历志拟稿》《历学疑问》《古今历法通考》《勿庵历算书目》等。

　　乐类是四部分类中经部的门类之一，以收录庙堂雅乐类书籍为主。《乐》作为"六经"之一，散佚已久。《四库全书总目》指出："大抵《乐》之纲目具于《礼》，其歌词具于《诗》，其铿锵鼓舞则传在伶官。汉初制氏所记，盖其遗谱，非别有一经为圣人手定也。特以宣豫导和，感神人而通天地，厥用至大，厥义至精，故尊其教得配于经。"《汉书·艺文志》之《六艺略》有"乐"一类，于《隋书·经籍志》入经部。

明·董其昌《仿宋元人缩本画跋册》

22 尔雅·释宫（节选）

对于房屋大家都不陌生，可在古代，就连居处的房屋各部分都划分细致，位置不同名称也不同，而且不同的名称寓含着不同的意义。让我们一起读读《释宫》吧。

宫谓之室，室谓之宫①。
牖②户之间谓之扆③，其内谓之家。东西墙谓之序。
西南隅谓之奥，西北隅谓之屋漏，东北隅谓之宦④，东南隅谓之窔⑤。

注释

① 宫：宫和室是同义词。区别开来说，宫是总名，指整所房子，外面有围墙包着，室只是其中的一个居住单位。上古时代，宫指一般的房屋住宅，无贵贱之分。

② 牖(yǒu)：会意字，室和堂之间的窗子叫"牖"。上古的"窗"专指开在屋顶上的天窗，开在墙壁上的窗叫"牖"。出自《礼记·乐记》："天之牖民。"

③ 扆(yǐ)：古代室内门窗之间有斧形装饰的屏风。

④ 宦(yí)：房屋东北角叫"宦"。

⑤ 窔(yào)：房屋东南角叫"窔"。

译文

宫，就是室；室，就是宫。
窗户之间称为扆，窗户里面称为家。东西墙称为序。
西南角称为"奥"，西北角称为"屋漏"，东北角称为"宦"，东南角称为"窔"。

拓展

《尔雅》是中国现存最早的一部训解词义的书，也是儒家的经典之一，列入十三经之中。其中，"尔"是"近"的意思；"雅"本意为"正"，引申为"雅言"，指官方规定的规范语言。"尔雅"就是"近正"，即语言接近于官方规定的语言。《尔雅》为后世考证古代词语提供了重要依据。

清·黄山寿《拟古山水册》

文化记忆一·二十四节气

　　二十四节气是古代人民通过观察太阳周年运动，认知一年中时令、气候、物候等方面的变化规律所形成的知识体系和社会实践。中国古人将太阳周年运动轨迹划分为二十四等份，每一等份为一个"节气"，统称"二十四节气"。

　　二十四节气的名称为立春、雨水、惊蛰、春分、清明、谷雨、立夏、小满、芒种、夏至、小暑、大暑、立秋、处暑、白露、秋分、寒露、霜降、立冬、小雪、大雪、冬至、小寒、大寒。为了便于记忆和流传，人们把二十四节气中每个节气各取一字编成一个歌诀："春雨惊春清谷天，夏满芒夏暑相连，秋处露秋寒霜降，冬雪雪冬小大寒。"

汶上县第一实验小学二十四节气书签（部分）

　　二十四节气指导着传统农业生产和日常生活，是中国传统历法体系及其相关实践活动的重要组成部分。在国际气象界，这一时间认知体系被誉为"中国的第五大发明"。2006年6月，二十四节气入选第一批国家级非物质文化遗产名录。2016年11月30日，二十四节气被列入联合国教科文组织人类非物质文化遗产代表作名录。

史部

史部，我国古代图书四部分类法（经、史、子、集）中的第二大类，也叫乙部，主要收录古代历史典籍。《四库全书总目》分为正史、编年、纪事本末、杂史、别史、诏令奏议、传记、史钞、载记、时令、地理、职官、政书、目录、史评十五类。

23 西门豹为邺令

[汉] 刘 向

孔子说："不患人之不己知，患不知人也。"世间万物多有似是而非者，狗尾草像禾苗，白骨如同象牙，珷玞像是美玉，只有留心辨别，才能分辨是非。人更是如此，只有从各个方面加以甄别，才能分别良莠，明辨才庸。

西门豹为邺①令，而辞乎魏文侯。文侯曰："子往矣，必就②子之功，而成子之名。"西门豹曰："敢问就功成名亦有术乎？"文侯曰："有之。夫③乡邑④者而先受坐之士，子入而问其贤良之士而师事之⑤，求其好掩人之美而扬人之丑者而参验之。夫物多相类而非也，幽莠⑥之幼也似禾，骊牛⑦之黄也似虎，白骨疑象，武夫⑧类玉，此皆似之而非者也！"

——《战国策·魏策》

注释

① 邺（yè）：地名，在今河北临漳邺镇。
② 就：成就。
③ 夫（fú）：发语词。
④ 乡邑：指乡里。
⑤ 师事之：像老师一样对待他。
⑥ 幽莠（yǒu）：深色的狗尾草。
⑦ 骊（lí）牛：黄黑色的牛。
⑧ 武夫：像玉的美石。

译文

西门豹被任命为邺令，他向魏文侯辞谢。魏文侯说："您去吧，一定能成就您的功业，成就您的美名。"西门豹说："冒昧地问一下，成就功名也有方法吗？"魏文侯说："有方法。那些乡邑里先于众人而坐的老者，您去访求其中贤良之士并以礼相待，再找一些喜欢掩盖别人优点而喜欢宣扬别人缺点的人来参照检验。事物多似是而非，深色的狗尾草幼小的时候像禾苗，黑黄色的牛因有黄色而像虎，白骨往往被人认错为象牙，武夫与美玉相类似，这些都是似是而非的。"

拓 展

　　南北朝·刘勰《文心雕龙》:"战代任武,而文士不绝,诸子以道术取资,屈宋以楚辞发采,乐毅报书辨以义,范雎上书密而至,苏秦历说壮而中,李斯自奏丽而动。若在文世,则扬、班俦矣。"

清·陈枚《山水楼阁图册》

24　鲁义姑姊

[汉]刘　向

中华民族自古就有先人后己、大公无私的传统美德。千百年来，很多人都在用实际行动来践行这些品德，有些虽然只是普通的劳苦大众，但在生死面前，依然能够不徇私情，不顾私爱。鲁义姑姊的故事广为传颂，影响深远，也成为历代儒教教化的样本。

鲁义姑姊者，鲁野之妇人也。齐攻鲁至郊，望见一妇人，抱一儿，携一儿而行，军且①及之，弃其所抱，抱其所携而走于山，儿随而啼，妇人遂行不顾。齐将问儿曰："走者尔②母耶？"曰："是也。""母所抱者谁也？"曰："不知也。"齐将乃追之，军士引③弓将射之，曰："止，不止，吾将射尔。"妇人乃还。齐将问所抱者谁也，所弃者谁也。对曰："所抱者妾兄之子也，所弃者妾之子也。见军之至，力不能两护，故④弃妾之子。"齐将曰："子之于母，其亲爱也，痛甚于心，今释之，而反抱兄之子，何也？"妇人曰："己之子，私爱也。兄之子，公义也。夫背公义而向私爱，亡兄子而存妾子，幸而得幸，则鲁君不吾畜，大夫不吾养，庶民国人不吾与也。夫如是，则胁肩无所容，而累足无所履也。子虽痛乎，独谓义何？故忍弃子而行义，不能无义而视鲁国。"于是齐将按兵而止，使人言于齐君曰："鲁未可伐也。乃至于境，山泽之妇人耳，犹知持节行义，不以私害公，而况于朝臣士大夫乎！请还。"齐君许之。鲁君闻之，赐妇人束帛百端⑤，号曰义姑姊。公正诚信，果于行义。夫义，其大哉！虽在匹妇，国犹赖之，况以礼义治国乎！《诗》云："有觉德行，四国顺之。"此之谓也。

——《列女传·节义传》

注释

① 且：将，近。

② 尔：你。

③ 引：拉。

④ 故：于是，所以。

⑤ 束帛百端：百匹锦帛。

译文

鲁义姑姊，是鲁国郊外的一个妇女。齐军攻打鲁国，一直攻打到了鲁国的郊外，远远看见一个妇女一手抱着一个小孩，一手领着一个小孩逃跑，齐军将要追上她时，她丢下了抱着的小孩，抱起她牵着的小孩往山上跑。那个被丢下的孩子哭着跟着一起跑，但那妇女只管逃跑而没有回头。齐国将领问小孩道："那个妇人是你的妈妈吗？"小孩子说："是的。""你母亲抱着的是谁的孩子？"小孩子说道："不知道。"齐国将领追上去，军士拉开弓，准备放箭射那个妇女，大叫道："站住！要是再跑，我们就要放箭了！"妇人这才转过身来。

齐国将领问她抱的孩子是谁的，扔下的孩子又是谁的。妇女回答道："抱着的是我哥哥的儿子，丢下的是我自己的孩子。我看见追兵来了，又抱不动两个孩子，所以就丢下我自己的孩子。"齐国将领问道："孩子对母亲来说，是母亲最亲爱的人，最心疼的人，现在你丢下自己的孩子，抱着哥哥的孩子跑，这是为什么？"

妇人回答说："爱我自己的儿子是私爱，而爱哥哥的孩子是公义，违背公义而偏向私爱，牺牲哥哥的孩子保全我的孩子，即使幸存，鲁国君主也不会收留我，大夫们也不会养护我，百姓也不会理我。这样的话，我在鲁国就是耸着肩膀也没有容身之地，叠着双脚也没有立足之地。舍弃我的儿子虽然痛苦，难道这对义有什么影响吗？所以我忍痛抛弃了自己的孩子去遵从义，我不能无视义而生活在鲁国。"

于是齐国将领按兵不动，派人对齐国君主说道："鲁国不可以讨伐，大军才刚刚到边境地带，山野的女人都知道持节行义，不以私心妨碍道义，更何况是鲁国的朝臣大夫呢？请求撤兵。"齐国君主答应了他。

鲁国君主听说这件事后，赏赐给这个妇人百匹锦帛，称她为"义姑姊"。公正忠信，能行公义。公义的影响多大啊！虽然不过是妇人的行为，却能够保护国家，更何况用礼义来治国呢？《诗经》说：君子正直树榜样，四方诸侯都归顺。说的就是这种情况。

拓展

传记类是四部分类中史部的门类之一。最早可追溯到黄帝的传记，后来还有《晏子春秋》《孔子三朝记》。到魏晋时期，撰写传记的人越来越多，体例基本一致。传记独立成一类始于《隋书经籍志》，大致可以分为四类：第一类是圣贤类，如孔孟年谱；第二类是名人类，如《魏郑公谏录》；第三类是总录类，如《列女传》；第四类是杂录类，如《骖鸾录》。

清·浙江《山水册》

25 子平志行

[南朝梁] 沈 约

在中国传统文化的长河中，孝文化一直在中国传统伦理文化中处于主要地位。"百善孝为先"，孝是人之善性的根源，也是立身行道之本。

（何）子平世居会稽，少有志行，见称于乡曲①。事母至孝。扬州辟从事史，月俸得白米，辄②货市粟麦。人或问曰："所利无几，何足为烦？"子平曰："尊老在东，不办常得生米，何心独餐白粲③。"每有赠鲜肴者，若不可寄至其家，则不肯受。

母本侧庶，籍④注失实，年未及养，而籍年已满，便去职归家。时镇军将军顾觊之⑤为州上纲，谓曰："尊上年实未八十，亲故所知。州中差有微禄，当启相留。"子平曰："公家正取信黄籍，籍年既至，便应扶侍私庭，何容以实年未满，苟冒荣利。且归养之愿，又切微情。"觊之又劝令以母老求县，子平曰："实未及养，何假以希禄？"觊之益重之。

——《宋书·孝义传·何子平传》

注释

① 乡曲：乡里，亦指穷乡僻壤。

② 辄：就，总是。

③ 白粲（càn）：白米。

④ 籍：户口簿，也称黄籍，当时规定，官员父母年满八十，应解职归家奉养。

⑤ 顾觊（jì）之（392—467）：南朝宋大臣，字伟仁，吴县（今属江苏省苏州市）人。卒时追赠镇军将军，谥号简子。

译文

何子平世代居住在会稽，年少的时候很有理想，被乡里称赞。他事奉母亲非常孝顺。在扬州被征召从事史，每月的俸禄给的是白米，就卖出白米买入粟麦。别人问他说："获利不多，为什么那么麻烦呢？"子平说："我的母亲在东边，不买卖难得到白米，我怎么忍心独自吃白米饭。"每当有人赠送美味佳肴时，如果不能送到母亲家，他就不肯接受。

他的母亲本来是妾,户籍登记不符合实际情况,没到供养的年龄,而户籍上的年龄已经到了,便离职回到家里。当时镇军将军顾觊之是州上的长官,对他说:"你母亲的年龄实际上未满八十,你本来就知道。在州中任职略有少许俸禄,我会禀告上司挽留你。"何子平说:"官家从户口登记取得凭证,户籍年龄已经到了,我就应该在家俸养母亲,为何要以实际年龄未到,冒取荣誉利益而宽容自己呢?况且回家奉养母亲,又符合我个人的情感。"觊之又劝他以母亲年老要求县令照顾,子平说:"实际尚未到奉养之年,哪能借此以求得俸禄?"觊之更加看重他。

拓 展

《宋书》,二十四史之一,梁沈约撰,共 100 卷,记述了南朝刘宋自宋武帝刘裕至宋顺帝刘准数十年史实。《宋书》收录当时的诏令奏议、书札、文章等各种文献,保存了较多原始史料。该书篇幅大,其中一个重要原因是很注意为豪门士族立传。

明·萧云《山水图轴》

26　冲之造器

〔南朝梁〕萧子显

　　祖冲之是我国南北朝时期杰出的数学家、天文学家。一生钻研自然科学,在数学、天文历法和机械制造等方面做出了突出贡献。他首次将圆周率精算到小数点后第七位,即在 3.1415926 和 3.1415927 之间,是当时世界最精确的圆周率数值,直到 16 世纪,阿拉伯数学家阿尔•卡西才打破了这一纪录。天文方面,他撰写的《大明历》是当时世界上最科学最进步的历法。另外,祖冲之还设计制造过水碓磨、指南车、千里船、定时器等器械,为人们的生产生活提供了便利。

　　初,宋武①平关中,得姚兴指南车,有外形而无机巧,每行,使人于内转之。升明中,太祖②辅政,使冲之追修古法。冲之改造铜机,圆转不穷,而司方③如一,马钧以来未有也。时有北人索驭驎④者,亦云能造指南车,太祖使与冲之各造,使于乐游苑对共校试⑤,而颇有差僻⑥,乃毁焚之。永明中,竟陵王子良好古,冲之造欹器⑦献之。

——《南齐书·祖冲之传》

注 释

① 宋武:宋武帝刘裕(363—422),小名寄奴,南朝刘宋开国君主。
② 太祖:齐高帝萧道成 (427—482),南朝齐的开国君主。
③ 司方:指示方向。
④ 索驭驎:人名,传为能制造指南车的北方木匠。
⑤ 校(jiào)试:考校试验。
⑥ 差僻:差距。
⑦ 欹(qī)器:古代的一种盛水器。"水少则倾,中则正,满则覆。君主可置于座右以为戒。"

译 文

　　当初,宋武帝平定关中,得到姚兴所制造的指南车,有外形而没有里面的机关,每当运行的时候,派人在里面转动它。升明年间,齐高帝辅政,让祖冲之仿照古代的原样加以修理。祖冲之重新制作成铜机关的车,可随意旋转,但指示方向却始终如一,自汉末的马钧以来没有这样的东西。当时有个北方人名叫索驭驎,也说能够造指南车,齐高帝让他和祖冲之各自制造,并让他们在乐游苑一同考校试验,索驭驎所制造的指南车与祖冲之的相比有很大差别,于是毁掉并烧了索驭驎制的车。永明年间,竟陵王子良喜欢古代的东西,祖冲之制造了欹器献给他。

拓　展

《南齐书》,二十四史之一,南朝梁萧子显撰,全书 60 卷,现存 59 卷,记述了南朝萧齐自齐高帝建元元年(479)至齐和帝中兴二年(502),共 23 年的史事。

萧子显(489—537),字景阳,南兰陵郡南兰陵县(今属江苏省常州市新北区)人,齐高帝萧道成之孙,曾在梁任吏部尚书。

清·樊圻《山水册页》

27　长江三峡①

［魏］郦道元

　　长江三峡指的是瞿塘峡、巫峡与西陵峡，地跨重庆、湖北等省市，崇山峻岭连绵不断，滔滔江水滚滚东流。1500多年前，地理学家郦道元在《水经注》中曾生动地描述了三峡的雄奇风光。

　　自②三峡七百里中，两岸连山，略无③阙④处；重岩叠嶂⑤，隐天蔽日，自非⑥亭午⑦夜分⑧，不见曦⑨月。至于夏水襄⑩陵⑪，沿⑫溯⑬阻绝，或王命⑭急宣⑮，有时朝发白帝⑯，暮到江陵⑰，其间千二百里，虽乘奔御风不以⑱疾也。春冬之时，则素湍绿潭，回清倒影。绝巘⑲多生怪柏，悬泉瀑布，飞漱其间。清荣峻茂，良多趣味。每至晴初霜旦，林寒涧肃，常有高猿长啸，属引⑳凄异，空谷传响，哀转久绝。故渔者歌曰："巴东㉑三峡巫峡长，猿鸣三声泪沾裳！"

——《水经注·江水》

注　释

① 三峡：指长江上游重庆、湖北两个省级行政单位间的瞿塘峡、巫峡和西陵峡。

② 自：在，从。

③ 略无：毫无，完全没有。

④ 阙：通"缺"，缺口，空隙。

⑤ 嶂（zhàng）：直立如屏障一样的山峰。

⑥ 自非：如果不是。

⑦ 亭午：正午。

⑧ 夜分：半夜。

⑨ 曦（xī）：日光，这里指太阳。

⑩ 襄（xiāng）：上，这里指漫上。

⑪ 陵：大的土山，这里泛指山陵。

⑫ 沿：顺流而下（的船）。

⑬ 溯：逆流而上（的船）。

⑭ 王命：皇帝的圣旨。

⑮ 宣：宣布，传达。

⑯ 白帝：城名，在重庆奉节县东。

⑰ 江陵：今湖北省荆州市。

⑱ 不以：不如。

⑲ 绝巘（yǎn）：极高的山峰。

⑳ 属引：连续不断。

㉑ 巴东：汉郡名，在今重庆东部云阳、奉节、巫山一带。

译文

在三峡七百里之间，两岸都是连绵的高山，完全没有中断的地方。悬崖峭壁重峦叠嶂，遮挡了天空和太阳。如果不是正午，就看不见太阳；如果不是半夜，就看不见月亮。等到夏天江水漫上山陵的时候，上行和下行船只的航路都被阻断，无法通行。如果皇帝的命令要紧急传达，这时只要早晨从白帝城出发，傍晚就到了江陵，这中间有一千二百里，即使骑乘奔驰的快马，驾着风，也不如船快。等到春天和冬天的时候，就可以看见白色的急流，碧绿的潭水，回旋的清波，倒映着各种景物的影子。极高的山峰上生长着许多奇形怪状的松柏，山峰间悬泉瀑布飞流冲荡。水清，树荣，山峻，草盛，确实趣味无穷。每逢初晴的日子或者下霜的早晨，树林和山涧就显出一片清凉和寂静，常常有猿猴在高处拉长声音鸣叫，声音持续不断，显得非常凄惨悲凉，在空荡的山谷里传来猿叫的回声悲哀婉转，很久才消失。所以三峡中渔民的歌谣唱道："巴东三峡之中巫峡最长，猿猴鸣叫几声凄凉得令人眼泪打湿衣裳。"

拓展

郦道元（约 470—527），字善长，范阳涿州（今河北省涿州市）人，北魏地理学家、散文家。仕途坎坷，终未能尽其才。他博览奇书，幼时曾随父亲到山东访求水道，后又游历秦岭、淮河以北和长城以南广大地区，考察河道沟渠，搜集有关的风土民情、历史故事、神话传说，撰《水经注》共 40 卷，文笔隽永，描写生动，既是一部内容丰富多彩的地理著作，也是一部优美的山水散文汇集，对后世游记散文的发展影响颇大。

28　羊公清德

［唐］房玄龄 等

　　孟浩然在《与诸子登岘山》中写道"羊公碑尚在，读罢泪粘巾"。羊公即西晋将领羊祜，其德量清远深得人民爱戴，在他离世时当地百姓莫不号恸，吴守边将士亦为之泣。而晋帝司马炎用其遗策平吴，实现了西晋的统一大业。

　　（羊祜）尝游汶水之滨，遇父老谓之曰："孺子有好相，年未六十，必建大功于天下。"既而去，莫知所在。及长，博学能属文[①]，身长七尺三寸，美须眉，善谈论。郡将夏侯威异之[②]，以兄霸之子妻之[③]。举[④]上计吏，州四辟[⑤]从事、秀才，五府交命，皆不就[⑥]。太原郭奕见之曰："此今日之颜子[⑦]也。"与王沈俱被曹爽辟。沈劝就征，祜曰："委质[⑧]事人，复何容易。"及爽败，沈以[⑨]故[⑩]吏免[⑪]，因谓祜曰："常识卿前语。"祜曰："此非始虑所及。"其先识不伐[⑫]如此。

　　　　　　　　　　　　　　　　　　　　——《晋书·羊祜传》

注 释

① 属（zhǔ）文：撰写文章。

② 异之：认为……特别。

③ 妻之：嫁给……为妻。

④ 举：推荐。

⑤ 辟（bì）：召见并授予官职。

⑥ 就：就职。

⑦ 颜子：颜回，孔门十哲之一。

⑧ 委质：置身，弃身。将自己交付于别人。

⑨ 以：因为。

⑩ 故：原来。

⑪ 免：幸免于难。

⑫ 伐：自夸。

译文

羊祜曾在汉水边游玩,遇见一老汉对他说:"这孩子有好相貌,年龄不到六十,必定在天下建立大功业。"说完就离开了,没人知道他在何处。等到羊祜长大,博学能写文章,身高七尺三寸,须眉漂亮,善于谈论。郡中将领夏侯威觉得他不平常,把哥哥夏侯霸的女儿嫁给他。推荐他作计吏,州中四次征召他任从事、秀才,五府交相任命,他全都不去就任。太原郭奕见了他说:"这是当今的颜回啊。"他和王沈都被曹爽征召。王沈劝他应征,羊祜说:"把自己交付给人家去为别人做事,谈何容易。"等到曹爽失败,王沈因为以前当过官而幸免于难,于是对羊祜说:"常记得你以前的话。"羊祜说:"这不是开始时所想到的。"他就是这样有先见之明又不自我夸耀。

拓展

襄阳城南岘山,东临汉水,十分秀丽。羊祜很喜欢游山玩水,常常率领幕僚登上岘山,咏颂山水之美。

羊祜镇守襄阳十年,依德治边,节俭爱人。他死后,襄阳军民非常悲痛,为了纪念他,在岘山上造了一座羊祜庙,立了块石碑。一年四季,前来祭祀的人络绎不绝,人们望着石碑,追忆羊公,无不痛哭流涕。接任镇守襄阳的度支尚书杜预看到襄阳军民如此怀念和爱戴羊祜,便给这块石碑起名为"堕泪碑"。

后来,"堕泪碑"这一典故,用来称颂官员卓著的政绩,表示怀念之情。后世诗文对此多有题咏,名篇如孟浩然《与诸子登岘山》。

明·盛茂烨《山水册页》

29 阮籍①青眼

[唐] 房玄龄 等

　　他被称为"竹林七贤"之首，一身才情，尽显魏晋风骨。他是一位叛逆而又矛盾的文人，壮志凌云，曾放言"壮士何慷慨，志欲威八荒"，却为了躲避入仕做出了一系列狂放荒诞的行为。他就是"正始之音"的代表人物——阮籍。

　　（阮）籍又能为青白眼②，见礼俗之士，以白眼对之。及嵇喜③来吊④，籍作白眼，喜不怿⑤而退。喜弟康闻之，乃赍⑥酒挟琴造⑦焉，籍大悦，乃见青眼。由是礼法之士疾之若仇⑧，而帝每保护之。

——《晋书·阮籍传》

注 释

　　① 阮（ruǎn）籍（210—263）：字嗣宗，陈留尉氏（今属河南省）人。三国时期魏国诗人，"竹林七贤"之一。

　　② 青：黑色。青眼，眼睛正视时，眼球居中，所以青眼表示对人喜爱或尊重；白眼，眼睛斜视时则现出眼白，所以白眼表示对人轻视或憎恶。

　　③ 嵇（jī）喜：魏晋时期官员，"竹林七贤"之一嵇康兄长。

　　④ 吊：吊丧，指阮籍母亲去世后，嵇喜前来吊唁。

　　⑤ 不怿（yì）：不悦，不欢愉。

　　⑥ 赍（jī）：把东西送给别人。

　　⑦ 造：拜访。

　　⑧ 疾之若仇：疾同嫉，嫉恨他人如同仇敌。

译 文

　　阮籍会做青白眼，见到崇尚礼义的世俗之士，就用白眼相对。嵇喜前来吊丧时，阮籍就用白眼看他，嵇喜很不高兴地退了出去。嵇喜的弟弟嵇康听说后，便带着酒，挟着琴造访了他，阮籍很高兴，便现出青眼。因此礼义世俗之士嫉恨他如仇人，而文帝司马昭总是保护他。

拓展

　　竹林七贤指的是魏晋时期嵇康、阮籍、山涛、向秀、刘伶、王戎及阮咸七人。因常在当时的山阳县竹林之下喝酒纵谈,世称"竹林七贤"。南朝宋刘义庆《世说新语·任诞》中说:"陈留阮籍、谯国嵇康、河内山涛,三人年皆相比,康年少亚之。预此契者:沛国刘伶、陈留阮咸、河内向秀、琅邪王戎。七人常集于竹林之下,肆意酣畅,故世谓竹林七贤。"七人是当时玄学的代表人物,思想倾向却不尽相同。嵇康、阮籍、刘伶、阮咸始终主张老庄之学,"越名教而任自然",山涛、王戎则好老庄而杂以儒术,向秀则主张名教与自然合一。他们在生活上时常不拘礼法,因而为统治者所忌。

元·佚名《竹阁延宾图》

30　萧允闭门

[唐] 姚思廉

　　宠辱不惊，闲看庭前花开花落；去留无意，漫随天外云卷云舒。面对变故，淡然处之，萧允身处时乱，闭门静处，不作杞人忧天，不为庸人自扰。

　　（萧允）寻出居京口。时寇贼纵横，百姓波骇①，衣冠士族②，四出奔散，允独不行。人问其故，允答曰："夫性命之道，自有常分③，岂可逃而获免乎？但患难之生，皆生于利，苟不求利，祸从何生？方今百姓争欲奋臂而论大功，一言而取卿相，亦何事于一书生哉？庄周所谓畏影避迹④，吾弗为⑤也。"乃闭门静处，并日而食，卒免于患。

　　　　　　　　　　　　　　　　　　——《陈书•列传第十五》

注　释

①波骇：比喻受到惊扰震动。

②士族：又称门第、衣冠、世族、门阀等，指世代为官的名门望族。

③常分：本分。

④畏影避迹：比喻庸人自扰，不明事理。《庄子•渔父》："人有畏影恶迹而去之走者，举足愈数而迹愈多，走愈疾而影不离身。"

⑤弗为：不做。

译　文

　　不久，萧允迁居京口。当时盗匪横行，老百姓受到惊扰震动，士族四处逃难，只有萧允没有逃走。别人问他为什么不逃走，萧允回答说："性命是有定数的，怎么能是逃避就可以获免的呢？只是祸患的产生，都是产生于求利，如果不是为了求利，祸患又从何而来呢？现在百姓都争先恐后地挥臂向前，想要博取大的功劳，进一言而取得卿相的地位，这些和一个书生有什么关系呢？庄子说的畏影避迹的事，我不会这样做。"于是闭门静处，两天只吃一天的食物，最终免于祸患。

拓　展

　　《陈书》，二十四史之一，唐代姚思廉撰，共36卷，是一部有关南朝陈的纪传体断代史著作，记载了自陈武帝陈霸先即位，至陈后主陈叔宝亡国前后33年间的史实。

清•任熊《十万图册》

31　谢贞才情

［唐］姚思廉

《孝经》云："夫孝,天之经也,地之义也,民之行也。"读读少年谢贞的孝行,也许我们能从中受到些许启发。

(谢)贞幼聪敏,有至性。祖母阮氏先苦风眩,每发便一二日不能饮食,贞时年七岁,祖母不食,贞亦不食,往往如是,亲族莫不奇①之。母王氏,授贞《论语》《孝经》,读讫②便诵。八岁,尝为《春日闲居》五言诗,从舅尚书王筠③奇其有佳致,谓所亲曰:"此儿方可大成,至如'风定花犹落',乃追步④惠连⑤矣。"由是名辈知之。年十三,略通《五经》大旨,尤善《左氏传》,工草隶虫篆。

——《陈书·孝行传·谢贞传》

注释

① 奇:对……感到惊奇。

② 讫(qì):完结,终了。

③ 王筠(yún)(482—550):南朝梁大臣,侍中王僧虔之孙,曾任昭明太子萧统的属官。

④ 追步:追步,跟上。

⑤ 惠连:谢惠连(407—433),南朝宋文学家。十岁能文,深得谢灵运赏识。《诗品》将其诗定为中品,后人把他和谢灵运、谢朓合称"三谢"。

译文

谢贞幼年十分聪慧,性情纯厚。祖母阮氏先前苦于风眩,每次发病便一两天不能吃东西,谢贞当时才七岁,祖母不吃饭,他也不吃饭,经常是这样,亲戚无不为此感到惊奇。母亲王氏,教授谢贞《论语》《孝经》,读完便能背诵。八岁,曾作五言诗《春日闲居》,从舅尚书王筠惊奇他有特别的才能,对亲戚说:"此儿将来可成大器,至于'风定花犹落'一句,能够跟上谢惠连了。"由此名家都知道了谢贞。十三岁时,略通《五经》大旨。尤其擅长《左氏传》,工于草书、隶书、虫篆书。

拓展

王谢，六朝望族琅琊王氏与陈郡谢氏之合称，后成为显赫世家大族的代名词。晋永嘉之乱后，琅琊王氏和陈郡谢氏族人，从北方南迁至金陵，后因王谢两家之王导、谢安及其后继者们于江左五朝的权倾朝野、文采风流、功业显著而彪炳于史册。后人称羡，因此以"王谢"合称。两晋南北朝时期士族众多，但几乎没有哪个世家大族堪与"王谢"比肩。唐代羊士谔《忆江南旧游二首》诗有"山阴路上桂花初，王谢风流满晋书"的感叹。刘禹锡的《乌衣巷》诗云："朱雀桥边野草花，乌衣巷口夕阳斜。旧时王谢堂前燕，飞入寻常百姓家。"诗中的乌衣巷地处金陵南门朱雀桥附近，即为王谢家族聚居之处。

清·杨晋《仿古山水十二开》

32　高睿叹冰

〔唐〕李百药

　　盛夏六月,烈日炎炎。此时有人送冰劳军,而将军宁可与手下共同晒于烈日之下,直到冰化成水,都未尝一滴。身为将领,能体恤手下,与士兵同甘共苦,着实令人感佩。

　　六年①,诏(高)睿②领山东兵数万监筑长城。于时盛夏六月,睿在途中,屏除③盖扇,亲与军人同其劳苦。而定州先有冰室,每岁藏冰,长史宋钦道以睿冒犯④暑热,遂遣舆冰⑤,倍道追送。正值日中停车,炎赫尤甚,人皆不堪,而送冰者至,咸谓得冰一时之要。睿对之叹息云:"三军之人,皆饮温水,吾以何义,独进寒冰,非追名古将,实情所不忍。"遂至消液,竟不一尝。兵人感悦,遐迩⑥称叹。

——《北齐书·高睿传》

注　释

　　① 六年:指北齐文宣帝天保六年(555)。

　　② 睿(ruì):高睿(534—569),小字须拔,南北朝时期北齐宗室、大臣,赵郡王高琛之子。

　　③ 屏(bǐng)除:排除,除去。

　　④ 冒犯:冒着,顶着。

　　⑤ 舆冰:用车拉着冰。

　　⑥ 遐(xiá)迩(ěr):遐,远;迩,近。

译　文

　　北齐文宣帝天保六年(555),文宣帝命令高睿带山东数万兵卒修筑长城。当时恰好是盛夏的六月,高睿在途中,命令把盖扇撤除,自己和军中其他人经受同样的劳苦。定州城早就有冰室,每年也会收藏冰块,长史宋钦道认为高睿顶着酷暑,于是派人用车拉着冰块,兼程追赶去送。中午高睿率部停下休息,此时正是特别热的时候,人们都受不了,正好送冰的人到,大家都说能得到一块冰真是迫切的需要。高睿对着冰叹息说:"所有将士都喝温水,我有什么仁义,自己独饮寒冰,不是想追求与古代将领的名声,实在是感情不能容忍。"于是,直到冰化成了水,他也未尝一滴。士兵们都很感动,远近的人都交口称赞。

拓 展

《北齐书》，二十四史之一，唐李百药撰，共 50 卷，记载了上起北魏分裂至北齐亡国，前后共 50 余年的史实，以记载北齐历史为主。

33　庆之破敌

［唐］李延寿

"名师大将莫自牢,千军万马避白袍"说的是南朝将领——陈庆之。那一袭白袍所向披靡,为我们带来千古名将的气概。每每读到《陈庆之传》,都有一种热泪盈眶的感觉,也希望这段历史能够带给我们一往无前的勇气,去面对生活中的困难和挑战。

大通元年,隶①领军曹仲宗伐涡阳②,魏遣常山王元昭等来援,前军至驼涧,去涡阳四十里。韦放曰:"贼锋必是轻锐,战捷不足为功;如不利,沮③我军势,不如勿击。"庆之曰:"魏人远来,皆已疲倦,须挫其气,必无不败之理。"于是与麾下④五百骑奔击,破其前军,魏人震恐。庆之还共诸将连营西进,据涡阳城,与魏相持,自春至下冬,各数十百战。师老气衰,魏之援兵复欲筑垒于军后。仲宗等恐腹背受敌,谋退。庆之杖节军门,曰:"须虏围合,然后与战;若欲班师,庆之别有密敕。"仲宗壮⑤其计,乃从之。魏人掎角作十三城,庆之陷⑥其四垒。九城兵甲犹盛,乃陈其俘馘⑦,鼓噪攻之,遂奔溃,斩获略尽⑧,涡水咽流⑨。诏以涡阳之地置西徐州。众军乘胜前顿城父。武帝嘉焉,手诏慰勉⑩之。

——《南史·陈庆之传》

注 释

① 隶:隶属。

② 涡(guō)阳:涡阳县,隶属安徽省亳(bó)州市,位于长江三角洲地区,安徽省北部。

③ 沮:破坏。

④ 麾下:部下。

⑤ 壮:以……为壮,佩服。

⑥ 陷:攻破。

⑦ 俘(fú)馘(guó):指生俘的敌人和被杀的敌人的左耳。

⑧ 略尽:将尽。

⑨ 咽流:呜咽。

⑩ 慰勉：慰问和勉励。

译文

梁武帝大通元年（527），陈庆之跟随领军曹仲宗攻伐涡阳，北魏派遣常山王元昭等人来支援，先头部队到达驼涧，离涡阳20千米。（陈庆之打算出征迎战）韦放说："敌军的前锋必定是轻装精锐部队，如果战胜不算有功；如果失败，则破坏我军士气，不如不要出击。"陈庆之说："北魏军队远道而来，都已疲惫不堪，必须挫伤他们的锐气，这定然没有打不败他们的道理。"于是带领部下500名骑兵迅速出击，打败了敌军的先头部队，北魏士兵十分震惊恐惧。陈庆之回来后与其他将领连营向西进军，占据涡阳城，与北魏军相对峙，自春天到冬天，经过了几十上百次的战斗。部队已十分疲劳，锐气也减弱了，北魏的援军想在梁军后面筑堡垒。曹仲宗等人怕腹背受敌，打算退兵。陈庆之持节来到军门，说："必须等到北魏军包围圈合拢，然后才能与他们战斗；如果打算退兵，我陈庆之另外有皇帝的密令。"曹仲宗很佩服他的计谋，于是就同意了。北魏军在十三城布阵，形成掎角之势，陈庆之攻破了他们的四个要塞，其他九城还是很强大的。陈庆之把被杀的敌人的左耳陈列到城前，然后鸣鼓呐喊发起进攻，敌人一下就逃跑溃散了，其中大部分都被斩杀和俘虏了，连涡水好像也在呜咽。梁武帝下诏在涡阳地区设置西徐州。大军乘胜向前到达城父。梁武帝嘉奖他们，并亲笔写诏书慰问和勉励陈庆之。

拓展

《南史》，二十四史之一，唐李延寿撰，共80卷，记述上起宋武帝刘裕永初元年（420），下至陈后主祯明三年（589）共170年的历史。《南史》文字简明，事增文省。由于作者为突出门阀士族地位，将不同朝代的一族一姓人物集中于一篇中叙述，以致其成为大族族谱。

34　道元执法

〔唐〕李延寿

　　他被称为"青州之子"，他对水爱得深沉，他行至中原各个角落，只为探寻每一处不同的水。他就是中国古代地理名著《水经注》的作者郦道元。郦道元还是一位执法严峻、兴学崇教的能吏。所治郡县，当地人不敢违法，甚至盗贼也逃往他处。

　　（郦）道元，字善长，初袭爵永宁侯，例降为伯。御史中尉李彪以道元执法清刻，自太傅掾引①为书侍御史。彪为仆射②李冲所奏，道元以属官坐免③。景明中，为冀州镇东府长史。刺史于劲，顺皇后父也。西讨关中，亦不至州，道元行事三年。为政严酷，吏人畏之，奸盗逃于他境。后试守鲁阳郡，道元表立黉序④，崇劝学教。诏曰："鲁阳本以蛮人，不立大学⑤。今可听之，以成良守文翁⑥之化。"道元在郡，山蛮伏其威名，不敢为寇。

…………

　　道元好学，历览奇书，撰注《水经》四十卷，《本志》十三篇。又为《七聘》及诸文皆行于世。

——《北史·郦道元传》

注 释

① 掾引：原为佐助的意思，后为副职官员或官署属员的通称。
② 仆射：仆是"主管"的意思。古代重武，主射者掌事，故诸官之长称仆射。
③ 坐免：因事或因罪免职。
④ 黉（hóng）序：古代的乡学。
⑤ 大学：古学校名，即国学。
⑥ 文翁（前187—前110）：名党，字仲翁，庐江郡舒县（今安徽省庐江县）人。汉景帝末年为蜀郡守，兴教育、兴贤能、修水利，政绩卓著。

译 文

　　郦道元，字善长。起初，继承父亲的封爵永宁侯，按照惯例，由侯降为伯。御史中尉李彪因为郦道元执法清正苛刻，举荐他由太傅掾升任书侍御史。李彪被仆射李冲参奏下台后，郦道元因为是李彪的下属官员也被罢免。魏宣武帝景明年间（500—503），郦道元任冀州镇东府长史。冀州刺史于劲，是顺皇后的父亲，当时带兵在关中打仗，不在冀州上任，州上的事全由郦道元管理，达三年之久。由于郦道元行政严酷，所以不仅是官吏畏惧，就是奸诈小人和强盗也纷纷逃离冀州，到别的地方去。后来调郦道元去鲁阳郡代理太守，他向皇帝上奏，请求在鲁阳建立学校，崇尚并奖励学校教育。皇帝下诏说："鲁阳原来因为是南方边远地区，不立大学。现在可以允许，使鲁阳像西汉文翁办学那样成为有文化教养的地区。"郦道元在鲁阳郡的日子，老百姓佩服他的威名，不敢违法。

····················

郦道元好学，一向喜欢阅览奇书，撰《水经注》40 卷，《本志》13 篇，又创作了《七聘》和其他文章流行于世。

拓 展

《北史》，二十四史之一，唐李延寿撰，共 100 卷，记述了北朝从 386 年到 618 年，北魏、北齐（包括东魏）、北周（包括西魏）、隋四个封建政权共 233 年的历史。《北史》体例完整、材料充实、文字简练，在后代颇受重视，《魏书》《齐书》《周书》三书唐以后皆残缺不完，后人多取《北史》加以补足。

清·王鉴《湘碧居士仿古册》

35 翰林志（节选）

[唐] 李 肇

历史上许多文人都担任过翰林学士,他们具体是做什么工作的呢?读此选文就会明白翰林在官府的重要性了。

昔宋昌有言曰:所言公,公言之;所言私,王者无私。夫翰林为枢机宥密①之地,有所慎②者,事之微也。若③制置任用,则非王者之私。

唐兴,太宗始于秦王府,开文学馆,擢房玄龄、杜如晦一十八人,皆以本官兼学士,给五品珍膳,分为三番更直,宿于阁下,讨论坟典④。时人谓之登瀛洲。

贞观初,置弘文馆学士,听朝之隙⑤,引之大内殿讲论文义,商较时政,或夜分而罢。至玄宗,置丽正殿,学士名儒大臣皆在其中,后改为集贤殿,亦草书诏。至翰林置学士,集贤书诏乃罢。

注 释

① 宥密:保密。

② 慎:谨慎。

③ 若:像。

④ 坟典:典籍。

⑤ 隙:空闲。

译 文

以前宋昌说:"您要说的如果是公事,那就公开说;如果是私事,天子是没有私事的。"翰林是中枢保密之地,做事必须谨慎,注重细微之处。像设置官职、任用官员,这并非皇帝的私事。

唐朝建立,唐太宗开始在秦王府中设置文学馆,提拔房玄龄、杜如晦等18人,全部都有本职官位兼学士职位,提供五品官员的膳食,分成三班值班,在文学馆内住宿,讨论典籍,当时的人称为"登瀛洲"。

贞观初年,设置弘文馆学士,在处理朝廷事务的空闲时间,引领他们到大内殿讲述经典的义理，探讨当时的政务，有时到半夜才结束。到唐玄宗的时候，设置丽正殿，学士、名儒大臣都在里面办理政务，随后又改为集贤殿，也起草诏书。直到翰林院也设置学士的时候，集贤店起草诏书的先例才结束。

拓 展

《翰林志》，唐李肇撰，记载了唐代翰林职掌沿革。记翰林典故之书，以此书为最早。"翰林院"是唐代开始建立的官署名，为各种文艺技术内廷供奉之处。唐玄宗时另建"学士院"，选任有文学才能的朝臣充翰林学士。至德宗以后，翰林学士成为皇帝最亲近的顾问兼秘书官。唐代后期，往往以翰林学士升任宰相。"翰林志"可以解释为"有关翰林院的记载"。

职官类是四部分类中史部的门类之一。"职官"即官职。这一类所收录的是关于历代官吏制度的书。这方面最早的书是《周礼》，又叫《周官》，被列在了经部。此外，传下来的还有拟《周礼》的《唐六典》。历代官职制度，主要保存在正史的《职官志》中，而专门著述的职官类史籍反而不为人所重。《四库全书总目》将其分为官制、官箴两类，目的是"以足以稽考掌故，激劝官方"。

清·陈枚《山水楼阁图册》

36 史家直书（节选）

［唐］刘知几

任何一位优秀的史家都必须维护历史记载的真实性，要有不计较个人安危荣辱秉笔直书的精神。南史、董狐、韦昭、崔浩，宁为兰摧玉折，不作瓦砾长存，唐代著名史学家刘知几在《史通》中称赞他们为史家的楷模。

盖列士徇名①，壮夫重气，宁为兰摧玉折，不作瓦砾长存。若南、董之仗气直书，不避强御；韦、崔之肆情奋笔，无所阿容②。虽周身之防③有所不足，而遗芳余烈，人到于今称之。

——《史通•直书》

注释

① 徇名：为美好的名声而舍身。徇，通"殉"。
② 阿容：迎合容忍。
③ 周身之防：周全的保护自身。杜预《春秋序》："圣人包周身之防。"

译文

壮烈之士为美名献身，豪杰之士重视气节，他们宁愿像兰玉那样洁身摧折，也不愿像瓦砾那样苟且长存。比如南史、董狐坚持正气如实书写历史，而不讳避横暴的强权；韦昭、崔浩纵情奋笔直书，而不苟且迎合。虽然周全地保护自身有所不够，但留下了美誉和功绩，直到如今人们还在称颂他们。

拓展

刘知几（661—721），字子玄，彭城（今江苏省徐州市）人，唐代著名史学家。唐高宗永隆元年（680）举进士，历任著作佐郎、左史、著作郎等职，兼修国史。刘知几不满于当时史馆制度的混乱和监修贵臣对修史工作的横加干涉，于唐中宗景龙二年（708）辞去史职，退而私撰《史通》，以见其志。刘知几第一次提出了史学家必须具备史学、史才、史识"三长"的论点。史学，是历史知识；史才，是研究能力和表述技巧；史识，是历史见解。"三长"必须兼备，而史识又是最重要的。史识的核心是忠于历史事实，秉笔直书。

　　史评类是四部分类中史部的门类之一。"史评"即对于历史的评论，可以分为两种情况：一是评论历史人物与事件，如《左传》，于某事之后，以"君子曰"来表达作者对史实的看法。《史记》中的"太史公曰"，也是此类史评。此后史家沿袭了这种方式，往往在人物传后加以论赞。二是对于史籍及史家的评断，此类专著中影响最大的是唐代刘知几的《史通》。

清·王翚　王时敏《仿古山水·桃花春水》

37 和凝善射

[宋] 薛居正 等

在甲骨文中，"射"字是由一张"弓"和一支箭（矢）组成的。射箭作为狩猎、杀敌的重要手段，在我国古代生活与战争中得到广泛运用；而"神射手"历来为人景仰：传说中射日的后羿、悬虱而射的纪昌、百步穿杨的养由基、射石没镞的李广、三国名将黄忠赵云、蒙古箭神哲别……五代时的和凝，不仅善射，而且文武双全、才识过人，史家作传，对他的功业多有称许。

（和）凝善射。时瑰①与唐庄宗②相拒于河上，战胡柳陂③，瑰军败而北，唯凝随之，瑰顾曰："子勿相随，当自努力。"凝泣而对曰："丈夫受人知，有难不报，非素志也，但恨未有死所。"旋④有一骑士来逐瑰，凝叱⑤之，不止，遂引弓⑥以射，应弦而毙⑦，瑰获免。

——《旧五代史·和凝传》

注 释

① 瑰：梁义成军节度使贺瑰。
② 唐庄宗：指后唐庄宗李存勖。
③ 胡柳陂（bēi）：地名。
④ 旋：不久，很快地。
⑤ 叱（chì）：大声责骂。
⑥ 引弓：拉弓。
⑦ 应弦而毙：随着弓弦的声音而毙命，形容射箭技艺高超。

译 文

和凝擅长射箭。当时贺瑰与后唐庄宗在黄河边对峙，在胡柳陂交战，贺瑰被打败了，逃跑时只有和凝跟随着他。贺瑰回过头来看见和凝说："你不要追随我了，自己尽力逃脱吧。"和凝哭着对答说："大丈夫为人所知，知己有难而自己不去报答，这不是我一贯的做人原则，只是为自己不能死得其所而感到遗憾。"不久，有一名骑兵追赶过来，快赶上贺瑰了，和凝大声呵斥，那骑兵仍不停止，于是拉弓射箭，骑兵当即被射死，贺瑰因此幸免于难。

拓展

《旧五代史》，二十四史之一，北宋薛居正等撰，成书于北宋，原名是《五代史》，共150卷。从907年朱温代唐称帝到960年北宋王朝建立，中原地区相继出现后梁、后唐、后晋、后汉、后周等五代王朝，中原以外存在过吴、南唐、吴越、楚、闽、南汉、前蜀、后蜀、荆南（南平）、北汉等10个小国，习惯上称为"五代十国"。《旧五代史》记载的就是这段历史。

清·黄山寿《拟古山水册》

38　易于拒诏

[宋] 欧阳修　宋　祁

　　"郡县治,天下无不治",《史记》中的这一名言,一直为后世所称道。古代县令的职责非常多,徭役、征税、断案是最重要的三项任务。能从维护老百姓利益出发,来做好上述几件事情,得到民众的爱戴,便是一个合格县令的标准。《新唐书·循吏传》中,便为世人描述了唐文宗大和年间的一个好县令——何易于。

　　何易于……为益昌令。……盐铁官榷取茶利①,诏下,所在毋②敢隐。易于视诏书曰:"益昌人不征茶且不可活,矧③厚④赋毒之乎?"命吏阁诏⑤,吏曰:"天子诏何敢拒?吏坐死,公得免窜⑥邪?"对曰:"吾敢爱一身,移暴于民乎?亦不使罪尔曹⑦。"即自焚之。观察使素贤之,不劾也。

——《新唐书·何易于传》

注 释

① 榷(què)取茶利:通过对茶实行专管专卖而谋利。

② 毋:不。

③ 矧:另外,况且。

④ 厚:指深,重。

⑤ 阁诏:阁通"搁",搁置诏书。

⑥ 窜:这里指被流放。

⑦ 尔曹:你们。

译 文

　　何易于担任益昌县令。……盐铁官通过对茶实行专管专卖而谋利,皇帝下诏书说,凡是生产茶叶的地方官员,不准为百姓隐瞒。何易于看了诏书说:"益昌不征收茶税,百姓还没法活命,何况要增加赋税伤害百姓呢!"他命令差役搁置诏书。差役说:"天子的诏书谁敢拒绝?我们这些差役会因此而获死罪,大人难道能逃脱被流放的刑罚吗?"何易于说:"我怎么能爱惜自己,而危害一方的百姓呢?我也不会将灾祸连累到你们。"于是他亲手烧掉了诏书。观察使平时很欣赏他的耿直爱民,所以没有上奏追究这件事。

拓展

　　唐朝时茶道大行，茶利大兴，促使茶法兴起。茶税成为此后历代封建王朝的财政支柱之一，茶在整个社会政治经济中的地位更为重要。唐代推行榷茶（茶的专营专卖），给人民带来沉重的负担。此时，何易于为了维护百姓的利益，他甘冒革职、坐牢、砍头的风险，抵制了上司的派遣，违抗了朝廷的诏令，这种行为感动了世人，也留下了美名。

明·蓝瑛《仿宋元册页》

39　伶官①传序（节选）

［宋］欧阳修

苏轼说："欧阳子论大道似韩愈，论事似陆贽，记事似司马迁，诗赋似李白。"《伶官传序》这篇文章短小精悍，持论中肯；感慨淋漓，唱叹有情；语言精练，警句迭出。明人茅坤誉之为"千年绝调"，颇能代表欧阳修议论文的杰出成就。

《书》曰："满招损，谦得益。"忧劳可以兴国，逸豫②可以亡身，自然之理也。故方其盛也，举③天下之豪杰，莫能与之争；及其衰也，数十伶人困之，而身死国灭，为天下笑。夫祸患常积于忽微④，而智勇多困于所溺⑤，岂独伶人也哉！作《伶官传》。

——《新五代史·伶官传》

注释

① 伶（líng）官：宫廷中的乐官和授有官职的演戏艺人。
② 逸（yì）豫：安逸舒适。
③ 举：全，所有。
④ 忽微：形容细小之事。
⑤ 溺：沉迷。

译文

《尚书》上说："自满会招来损害，谦虚能得到益处。"忧劳可以使国家兴盛，安乐可以使自身灭亡，这是自然的道理。因此，当他兴盛时，普天下的豪杰，没有谁能和他相争；到他衰败时，数十个乐官就把他困住，最后身死国灭，被天下人耻笑。祸患常常是由一点一滴极小的错误积累而酿成的，纵使是聪明有才能和英勇果敢的人，也多半沉溺于某种爱好之中，受其迷惑而结果陷于困穷，难道只有乐工（是所溺的成分）吗？于是作《伶官传》。

拓展

《新五代史·伶官传序》为北宋政治家、文学家、史学家欧阳修所作，通过分析五代时期后唐盛衰的过程，得出"忧劳可以兴国，逸豫可以亡身"和"祸患常积于忽微，而智勇多困于所溺"的结论。国家兴衰败亡不由"天命"而取决于"人事"，借以告诫当时北宋王朝执政者要吸取历史教训，居安思危、防微杜渐，力戒骄侈纵欲。

40 汉高帝论得天下

[宋] 司马光

"得人者得天下，失人者失天下。"一个人的智慧是有限的，想成就霸业，唯有发挥人才的长处，人尽其职，各尽其能，这也是汉高祖得天下的原因。

帝①置酒洛阳南宫，上②曰："彻侯、诸将毋敢隐朕，皆言其情。吾所以有天下者何？项氏之所以失天下者何？"高起、王陵对曰："陛下使人攻城略③地，因以与之，与天下同其利；项羽不然，有功者害④之，贤者疑之，此其所以失天下也。"上曰："公知其一，未知其二。夫运筹帷幄⑤之中，决胜千里之外，吾不如子房⑥；镇国家，抚百姓，给饷馈⑦，不绝粮道，吾不如萧何；连⑧百万之众，战必胜，攻必取，吾不如韩信。三者皆人杰，吾能用之，此吾所以取天下者也。项羽有一范增⑨而不能用，此所以为我禽⑩也。"群臣说服⑪。

——《资治通鉴》卷十一

注释

① 帝：指汉高帝刘邦。

② 上：尊指刘邦。

③ 略：夺取。

④ 害：妒忌。

⑤ 运筹帷幄：在营帐内谋划作战方略。

⑥ 子房：张良。

⑦ 饷馈：粮饷。

⑧ 连：联合，组织。

⑨ 范增（前277—前204）：项羽的谋士。

⑩ 禽：同"擒"，擒获。

⑪ 说服：通"悦服"，心悦诚服。

译文

高帝刘邦在洛阳南宫举行酒宴,高帝说道:"各位列侯、各位将军,不要对朕隐瞒,都来说说这个道理:我能取得天下的原因是什么?项羽失掉天下的原因又是什么?"高起、王陵回答说:"陛下派人攻城略地,攻取了城邑、土地就分封给他,与大家同享利益;项羽却不是这样,他对有功的人嫉恨,对贤能的人猜疑,这就是他失去天下的原因。"高帝说:"你们是只知其一,不知其二啊。谈到运筹帷幄之中,决胜千里之外,我不如张良;镇守国家,安抚百姓,供给粮饷,保持运粮道路畅通无阻,我不如萧何;统率百万大军,战必胜,攻必克,我不如韩信。这三位都是人中英杰,而我能够任用他们,这就是我能取得天下的原因。项羽虽然有一个范增,却不能信任使用他,这便是项羽被我捕捉的原因了。"群臣听后都心悦诚服。

拓展

编年类是四部分类中史部的门类之一。编年史是按年代编排的一种史籍体例,这种编排方式可以补充纪传体史书在史事连贯性上的不足。《左传》就是一部典型的编年史。另外,最著名的一部编年史是司马光的《资治通鉴》。《四库全书总目》载:"司马迁改编年为纪传。荀悦又改纪传为编年。刘知几深通史法,而《史通》分叙六家,统归二体,则编年、纪传均正史也。"《四库全书总目》把与编年史有关的一些著作,如《通鉴地理通释》之类,也列入了编年史中。

清·任熊《十万图册》

41 《两汉博闻》二则

［宋］杨　侃

　　汉高祖刘邦曾评价张良："夫运筹帷帐之中,决胜于千里之外,吾不如子房。"可见张良的足智多谋。张良传已见于《史记》《汉书》,下面摘选的是史钞类书籍《两汉博闻》对张良传作的相关注解,可参读第一册中的"张良纳履"。

赤松子
《张良传》

　　张良曰："愿弃①人间事,欲从赤松子游耳。"

　　师古曰："赤松子,仙人号也。神农时为雨师,服水玉②,教神农,能入火不烧,至昆山上,常止西王母石室。随风雨上下。炎帝少女追之,亦得仙俱去。"

注 释

　　① 弃:放弃。
　　② 服水玉:赤松子服食的就是水玉。

译 文

　　张良说："愿意放弃人间的各种琐事,想要跟随赤松子云游四海。"

　　师古说："赤松子,是仙人的号。神农氏时是司雨之神,服食水玉,并教神农服用,他能跳进火里不被烧死,到昆仑山上,经常住在西王母的石屋里。能随风雨上天入地。炎帝的小女儿追随他求仙问道,也成为神仙一起升天。"

黄石书
《张良传》

　　张良尝①步游下邳圯上。有一老父衣褐②至良所,直堕其履③圯下。顾谓良曰："孺子下取履。"良取履圯下,跪进父曰："孺子可教。"遂④与期。夜半往,有顷⑤,父亦来。出一编书曰："读是为王者师。后十年兴,十三年见我济北,谷城山下黄石即我也。其书乃《太公兵法》。

服防曰："圯，音颐。楚人谓桥曰圯。"应劭曰："汜水之上也。"文颖曰："沂水上桥也。"师古曰："下邳之水非汜水也，又非沂水，服说是矣。"

注 释

① 尝：曾经。

② 衣褐：穿着粗布衣服。

③ 履：鞋。

④ 遂：于是。

⑤ 有顷：一会儿，不久。

译 文

张良曾经在下邳县的桥上散步游玩。有一个穿着麻布衣服的老翁，走到张良所在的地方，直接把自己的鞋子扔到桥下面。回头对张良说："小子，下去把我的鞋子取上来。"张良去桥下取回了鞋子，跪着给他穿上，老翁说："小子可以教诲。"于是就和张良约定好时间。张良半夜就来了，过了一会儿，老翁也到了。拿出一本书说："读这本书就能做皇帝的老师。十年后你将会发达，十三年后你到济北见我，谷城山下的黄石就是我。"这本书原来是《太公兵法》。

服防说："圯，音颐。楚国人把桥称作圯。"应劭说："是汜水之上。"文颖说："是沂水上的桥。"师古说："下邳之水不是汜水，也不是沂水，是服防所说。"

拓 展

史钞类是四部分类中史部的门类之一。《四库全书总目》以为史钞类丌始丁孔子删《书》，实际在《宋志》中才设立此门类。后世的史志大多设有此类，在明代更加兴盛。这类史书删除了一些冗赘的史料，便于浏览。

42　花信风

［宋］陈元靓

俗话说"花木管时令，鸟鸣报农时"，自然界的动植物是按照一定的季节时令活动，与气候变化关系密切。江南的初春至初夏，百花次第开放，每五天一个风候，各以一种花卉命名，称为"花信风"。

《东皋杂录》："江南自初春至初夏，五日一番风候，谓之花信风。梅花风最先，楝花风最后。"凡二十四番，以为寒绝也。后唐人诗云："楝花开后风光好，梅子黄时雨意浓。"徐诗川诗云："一百五十日寒食雨，二十四番花信风。"又古诗云："早禾秧雨初晴后，苦楝花风吹日长。"

——《岁时广记》卷一

译文

《东皋杂录》记载："江南从初春至初夏，每五天是一个风候，称为花信风。"梅花风最早，楝花风最后。一共二十四个，以后寒气就没有了。晚唐有诗句："楝花开后风光好，梅子黄时雨意浓。"徐俯有诗句："一百五十日寒食雨，二十四番花信风。"又有古诗句："早禾秧雨初晴后，苦楝花风吹日长。"

拓展

时令类是四部分类中史部的门类之一。"时令"就是月令，是古时按季节制定有关农事的政令。因时令在指导农事方面的重要作用，我国很早就产生了对岁时民俗与节日的记述，并形成了相关文献。《礼记》中的《月令》，《大戴礼记》中的《夏小正》，《诗经》中的《七月》，都是反映古代时政月令的。宋以前有关时令的书籍，大多归入子部农家类，其实这些内容不仅仅限于农事。因此，宋代《中兴馆阁书目》另列了"时令"一类。后来《四库全书总目》沿用了这一名目。

43 岳飞将兵

［元］脱 脱 等

一段历史,一个英雄,一腔壮志豪情!一段诉不完的爱国情怀!从背刻"精忠报国"到披上铠甲,战无不胜,让人惊叹"撼山易,撼岳家军难"!岳飞的事迹永远铭记在每一个中国人心中。"文臣不爱钱,武臣不惜死,天下太平矣!"这句话既是岳飞的真实写照,也是历史兴衰的观照总结。它振聋发聩,流传千古!

或问:"天下何时太平?"(岳)飞曰:"文臣不爱钱,武臣不惜死,天下太平矣。"

师每休舍①,俄而课将士注坡跳壕,皆②重铠以习之。卒有取民麻一缕以束刍③者,立斩以徇。卒夜宿,民开门愿纳,无敢入者。军号"冻死不拆屋,饿死不掳掠"。卒有疾,躬④为调药。诸将远戍,飞遣妻问劳其家;死国者,则育其孤。凡有颁犒⑤,均给军吏,秋毫⑥不私。

善以少击众。凡有所举,尽召诸统制与谋,谋定而后战,故有胜无败。敌为之语曰:"撼山易,撼岳家军难。"……每调军食,必蹙额⑦曰:"东南民力竭矣。"……好贤礼士,恂恂⑧如儒生,每辞官,必曰:"将士效力,飞何功之有?"

——《宋史·岳飞传》

注 释

① 休舍:驻扎休整。

② 皆:都。

③ 刍:草料。

④ 躬:自身,亲自。

⑤ 颁犒:奖励,犒赏。

⑥ 秋毫:指秋天鸟兽身上新长出的细毛,后用来比喻最细微的事物。

⑦ 蹙(cù)额:皱着眉。

⑧ 恂恂:恭谨温顺的样子,有儒者之风。

译文

有人问："天下什么时候太平？"岳飞说："文臣不喜欢钱财，武将不怕死，天下就太平了！"

每当军队驻扎休整，不久他就督促将士练兵，都穿上重重的铠甲来训练他们。士兵中有私拿老百姓一根绳子捆扎草料的，就立即斩首来示众。士兵晚上住宿，百姓开门希望他们进屋，没有人敢进去。军队号令"冻死不拆屋，饿死不掳掠"。士兵有人生病，岳飞亲自为他配药。对远离家乡卫戍边疆的各位将领，派他（指岳飞）妻子慰问将士们的家人；对为国而死的将领，就养育他们的遗孤。凡是有犒赏，都分给下属官吏，一点不占为己有。

岳飞擅长以少击多。凡是有军事举措，就召集所有的官员一起谋划，制定策略后再执行，因此从未有过失败。敌人因此议论说："摇动山容易，摇动岳家军难。"……每次筹集军粮，他一定皱着眉说："东南百姓民力枯竭了！"岳飞爱惜贤能，礼遇士人，谨慎谦和，极具儒将风度，每次辞谢升官，必定说："将士效力，我有什么功劳呢？"

拓展

《宋史》，二十四史之一，元脱脱等撰，共 496 卷，是二十四史中篇幅最庞大的一部官修史书，记述了北宋和南宋 300 余年的历史。《宋史》是在原宋《国史》的基础上删削而成的，但是由于《宋史》修撰者匆匆急就，在史料的裁剪、史实的考订等方面存在不少缺失。

明·沈周《东庄图册》

44　好问诗文

［元］脱 脱 等

　　元好问是金元时期的文史大家,宋金对峙时期北方文学的主要代表、文坛盟主,其诗文词曲兼备众体,被尊为"北方文雄""一代文宗"。明初宋濂等人撰修的《元史》概括了他的文学成就。

　　（元好问）为文有绳尺①,备众体。其诗奇崛而绝雕刿②,巧缛③而谢④绮丽⑤。五言高古沈郁。七言乐府不用古题,特出新意。歌谣慷慨,挟幽并之气⑥。其长短句⑦,揄扬⑧新声,以写恩怨者又数百篇。兵后,故老皆尽,好问蔚为⑨一代宗工,四方碑板铭志,尽趋其门。其所著文章诗若干卷、《杜诗学》一卷、《东坡诗雅》三卷、《锦機》⑩一卷、《诗文自警》十卷。

——《金史·元好问传》

注 释

　　① 绳尺:工匠用以较曲直、量长短的工具,比喻法度、规矩。

　　② 雕（diāo）刿（guì）:雕琢,修饰文辞。

　　③ 巧缛（rù）:精巧繁密。

　　④ 谢:去除。

　　⑤ 绮（qǐ）丽:华美艳丽。

　　⑥ 挟:挟带。幽州和并州,是古燕赵之地,多慷慨悲歌、尚气任侠之士,幽并之气即指这种勇武刚烈的英风豪气。

　　⑦ 长短句:这里的长短句是词的别名。

　　⑧ 揄扬:宣扬。

　　⑨ 蔚（wèi）为（wéi）:因为盛大而成为。

　　⑩《锦機（jī）》:书名。

译 文

　　元好问写文章有法度,各种文体完备。他的诗词奇崛而绝无雕琢,巧妙而不堆砌辞藻。他的五言诗高古沉郁,七言乐府不用古题,特出新意。他写的歌谣慷慨豪迈,挟带一种幽并之气。他写的长短句,宣扬新声,表达真情实感的有几百篇。战乱以后,故交老友都谢世了，好问成为一代文宗，各地的人凡是要写碑版铭志，都跑到他家门前。他所著的文章和诗歌有若干卷：《杜诗学》一卷、《东坡诗雅》三卷、《锦機》一卷、《诗文自警》十卷。

拓展

《金史》，二十四史之一，元脱脱等撰，共135卷，是反映女真族所建金朝的兴衰始末的重要史籍，记载了自金太祖完颜阿骨出生至金哀宗天兴三年（1234）共166年的历史。《金史》是元修三史之一，历代对《金史》的评价很高。

元·赵孟頫《秀石疏林图》

45　王翰

［元］辛文房

王翰，唐代边塞诗人，才华出众，性格豪放不羁，因此仕途不得意。他的诗，感情奔放，词华流丽。读王翰之诗，如月下听风，泉边赏月；如夜闻箫动，舟飞峡谷；如新妆出浴，醉饮甘醇。

（王）翰，字子羽，并州人。景云元年卢逸下①进士及第。又举直言极谏，又举超拔群类科。少豪荡②，恃才不羁③，喜纵酒，枥④多名马，家蓄妓乐⑤。翰发言立意⑥，自比王侯。日聚英杰⑦，纵禽击鼓为欢⑧。张嘉贞为本州长史，厚遇之。翰酒间自歌，以舞属嘉贞，神气轩举。张说尤加礼异，及辅政，召为正字，擢⑨驾部员外郎。说罢，翰出为仙州别驾。以穷乐畋饮⑩，贬岭表，道卒。

——《唐才子传》卷一

注　释

① 下：居人之下，名次靠后。

② 豪荡：亦作"豪宕"，谓意气洋溢，器量阔大。

③ 恃才不羁：倚仗着自己的才能而无拘无束。

④ 枥（lì）：马槽。

⑤ 家蓄妓乐：家里供养着音乐舞蹈演员。

⑥ 发言立意：言谈主张。

⑦ 日聚英杰：每天召集才智出众的人。

⑧ 纵禽击鼓为欢：放飞禽鸟击打鼓乐作为欢乐的事。

⑨ 擢（zhuó）：提拔。

⑩ 畋（tián）饮：游猎宴饮。

译　文

王翰，字子羽，并州人。唐睿宗景元元年（710），卢逸之后考中进士。有人夸赞他直言进谏，有人夸赞他才华超群。王翰少年时豪爽放纵，依仗有才华而不受礼法束缚，喜好喝酒，马厩中有很多名马，家里养了歌女舞女。王翰言谈主张，把自己看作王侯。他每天召集才智杰出的人，以放飞禽、击大鼓取乐。张嘉贞担任并州长史时，优厚地对待他。王翰在酒宴间唱歌，来让张嘉贞随着歌声起舞，神采飞扬。张嘉贞给予他非常高的礼遇，等到他辅佐治理政事后，征召王翰担任正字，又提拔任驾部员外郎。张说被罢免后，王翰离京担任仙州别驾。王翰因为尽情地享乐游猎宴饮，被贬往岭南，在半路上去世。

拓 展

《唐才子传》，元辛文房撰，是一部记述唐代诗人事迹的传记。全书记载的人物上起隋唐之际的王绩，下至宋初的陈抟，包括正传 278 篇，附见 120 人，共记述了 398 位诗人的事迹。

清·陈枚《山水楼阁图册》

46　养浩惩盗

［明］宋　濂　等

　　诸葛亮因"三顾茅庐"隆中出仕,鞠躬尽瘁,死而后已;张养浩"七聘后起"重返仕途,为国为民,积瘁救灾,亡于任上。济南市天桥区张养浩墓园,内仅麟石一块,石碑数尊。也许不只那青青松柏、茁茁野草,铭记着"兴,百姓苦,亡,百姓苦"。

　　张养浩字希孟,济南人,幼有行义,尝出,遇人有遗楮币①于途者,其人已去,追而还之。……及为丞相橡②,选授堂邑县尹。人言官舍不利,居无免者,竟居之。首毁淫祠③三十余所,罢旧盗之朔望④参者,曰:"彼皆良民,饥寒所迫,不得已而为盗耳;既加之以刑,犹以盗目之,是绝其自新之路也。"众盗感泣,互相戒曰:"毋负张公。"

——《元史·张养浩传》

注 释

　　① 楮(chǔ)币:元代发行的一种纸币。
　　② 橡:承托屋面用的木梁,圆的叫橡。丞相橡,此处指丞相的属官。
　　③ 淫祠:在正神(谷神、土神等)以外滥设的神祠,如供奉"狐仙"的祠堂。
　　④ 朔望:每月的初一和十五。

译 文

　　张养浩,字希孟,济南(今属山东)人。年幼的时候就有侠义行为。有一次他出门,碰到一个人,那人不小心把钱遗失在路上,当张养浩发现的时候,那个丢钱的人已走远了,张养浩就追上去把钱送还给了那人。……及至做了宰相属官,就被选授为堂邑(今属山东)县尹。人们都传说堂邑县县官住的房子不吉利,住进去的人没有一个能幸免的,但是张养浩还是住了进去。张养浩带头捣毁了滥设的神祠三十多所,免除了有强盗前科的人每月初一、十五例行到官府接受审讯检查的规定,张养浩说:"他们都是善良的百姓,因为生活困难,被饥寒所迫,不得已而去做了强盗,既然已经依法处分过他们了,现在仍旧把他们看成强盗,这是断绝他们走自新之路的做法啊!"强盗们感动得流了眼泪,他们相互劝诫说:"不能辜负张公。"

拓 展

《元史》，二十四史之一，明朝宋濂等撰，共 210 卷，记载了从元建立之前成吉思汗时期至元朝覆灭约 200 年的历史。宋濂修《元史》时，遵照朱元璋的意图，强调"文词勿致于艰深，事迹务令于明白"，因此文字浅显，叙事通俗易懂。清末民初的柯劭忞撰成了《新元史》。1921 年，北洋政府总统徐世昌下令把《新元史》列入正史，这样"二十四史"就成了"二十五史"，但《新元史》不能取代《元史》原书。

明·盛茂烨《山水册页》

文化记忆二·先秦青铜器

中国古代的青铜文化十分发达,并以制作精良、气魄雄伟、技术高超而著称于世。青铜器作为宴享和祭祀祖先的礼器,是权力和地位的象征,也是记事耀功的礼器。

大约二千年以前,自夏代开始中国进入了青铜时代。经夏、商、西周、春秋到战国、秦汉,每一时期都有着前后承袭的发展演变系统。

一、礼器之中的炊煮器

鼎(dǐng)是用来煮肉、盛肉的炊煮器,也是商周时期最重要的青铜器。自从青铜鼎出现后,它又多了一项功能,成为祭祀神灵的一种重要礼器。

鬲(lì)是古代特有的炊器。进入青铜时代以后,鬲已经不仅仅是一种生活用具,而且演变成礼器和神器,成为重要的文化载体。

甗(yǎn)是当时的食器和礼器。其流行于商至汉代,造型分上、下两部分。在西周末春秋初,甗除实用功能之外,还作为重要的礼器用于祭祀。

二、青铜食器

簠(fǔ)是中国古代祭祀和宴飨时盛放黍、稷、粱、稻等饭食的器具。簠的基本形制为长方形器,盖和器身形状相同,大小一样,上下对称,合则一体,分则为两个器皿。簠出现于西周早期,主要盛行于西周末期和春秋初期。

三、青铜酒器

觚(gū)是中国古代一种用于饮酒的容器,盛行于商代和西周早期,西周中期已十分罕见。

觯(zhì)是古代饮酒用的器皿,盛行于商代晚期和西周初期。觯有两类,一类是扁体的,一类是圆体的,此两类于商代晚期和西周早期皆有,且后者沿用至东周。

斝(jiǎ)是中国古代用于温酒的酒器,通常用青铜铸造,三足、一鋬(耳)、两柱,圆口呈喇叭形。

作为盛酒的青铜器还有罍(léi)、卣(yǒu)、觥(gōng)、瓿(bù)、方彝等。

四、青铜乐器

铙(náo)又称钲、执钟,古代汉族使用的青铜打击乐器之一,其最初的功能为军中传播号令之用。铙流行于商代晚期,周初沿用。

铜鼓原是一种打击乐器,之后演化为权力和财富的象征,为民族首领和贵族所独有，被视为一种珍贵的礼器。

钟是古代祭祀或宴飨时使用的乐器，为古属八音之一的金类。最初的钟大约是由商代的铙发展而来的。现在所见最古老的钟是西周时代的。在历代所铸的钟里，或有铁铸的，但绝大多数还是铜铸的。

镈（bó）是一种形制接近于钟的乐器，盛行于东周时代。它不像钟口呈弧状，而是平口的，器身横截面为椭圆形。

西周孟青铜鼎　　　　　　西周召伯虎簋（guǐ）　　　　　春秋邾公华青铜甬钟

子部

子部,我国古代图书四部分类法(经、史、子、集)中的第三大类,也叫丙部,主要收录古代诸子百家及艺术、谱录类的书籍。《汉书·艺文志》说:"诸子十家,其可观者九家。"《四库全书总目》认为"六经之外立说"的都属于子部,并分为儒家、兵家、法家、农家、医家、天文算法、术数、艺术、谱录、杂家、类书、小说家、释家、道家十四类。

47　孔子宰中都

　　据《礼记》《史记·孔子世家》《孔子家语》等文献记载，公元前501年，鲁定公任命孔子为中都宰。已是知天命之年的孔子，从此开始了他的为政生涯。古之中都，就是现在的汶上县。孔子上任一年，行教化，劝农耕，百姓安居乐业，形成了"路不拾遗、夜不闭户"的良好民风。《孔子家语》比较具体地记载了孔子宰中都的主要措施和卓越政绩。孔子宰中都影响深远，留下了许多传说故事，至今仍给人以深刻的启迪。

　　孔子初仕，为中都①宰②。制为养生送死之节，长幼异食，强弱异任，男女别涂，路无拾遗，器不雕伪。为四寸之棺，五寸之椁③，因丘陵为坟，不封、不树。行之一年，而西方之诸侯则焉。

　　定公④谓孔子曰："学子此法以治鲁国，何如？"孔子对曰："虽天下可乎，何但鲁国而已哉！"于是二年，定公以为司空，乃别五土之性⑤，而物各得其所生之宜，咸得厥所。

——《孔子家语·相鲁》

注释

　　① 中都：鲁邑，在今山东省汶上县西。

　　② 宰：一邑长官。

　　③ 椁：棺木有二重，里面称棺，外面称椁。

　　④ 定公：鲁国国君，名姬宋，定公是谥号。

　　⑤ 五土之性：旧注："一曰山林，二曰川泽，三曰丘陵，四曰坟衍，五曰原隰。"坟衍指肥沃平旷的土地。原隰指广平低湿之地。

译文

　　孔子刚做官时，担任中都邑的邑宰。他制定了使老百姓生有保障、死得安葬的制度，他主张根据年龄吃不同的食物，根据能力承担不同的任务。男女走路各走一边。在路上丢失的东西没有人捡起并占有，物品也没有浮华的雕刻。死者被埋葬了，棺材四英寸厚，外棺五英寸厚。陵墓建在小山旁边。墓地周围没有高大的陵墓，也没有松柏。这种制度实行一年后，西方封建国家纷纷效仿。

鲁定公对孔子说:"你觉得用你的治国方法来治理鲁国怎么样？"孔子回答说:"天下都能治好,不光是鲁国！"经过两年的执行,鲁定公任命孔子为司空。孔子根据土地的性质将其分为五类,各种作物在适宜的环境中种植,生长良好。

拓 展

圣泽书院最初是孔子讲学堂,设在今汶上县城南 12.5 千米的马踏湖边,碧波荡漾、绿柳成荫,始建年代不详。明嘉靖年间,因扩充马踏湖,讲学堂被湖水淹没。时任县令吴瀛把讲学堂由湖口移建至县城内西南太仆寺南,改名为圣泽书院,与洙泗书院、尼山书院、春秋书院、石门书院一道,成为传播儒家文化的重要场所。后改为书院小学,现为汶上县第一实验小学。

——《汶上县志》

清·陈枚《山水楼阁图册》

83

48　五至

　　子夏向孔子请教《诗经》中"恺悌君子，民之父母"的内涵，进而引发孔子关于君子修德治国的论说。子夏进一步请教什么是"五至"，于是有了孔子的这番经典言论。

　　孔子曰："志之所至，诗亦至焉；诗之所至，礼亦至焉；礼之所至，乐亦至焉；乐之所至，哀亦至焉。诗礼相成，哀乐相生，是以正①明目而视之，不可得而见，倾耳而听之，不可得而闻，志气塞②于天地，行之克于四海，此之谓五至矣。"

——《孔子家语·论礼》

注 释

① 正：瞪大。
② 塞：充盈。

译 文

　　孔子对他说："如果有爱民之心惠及百姓，就会有爱民的诗歌惠及百姓；如果有爱民的诗歌惠及百姓，就会有爱民的礼仪惠及百姓；如果有爱民的礼仪惠及百姓，就会有爱民的音乐惠及百姓；如果有爱民的音乐惠及百姓，就会有哀民不幸之心惠及百姓。诗和礼，哀与乐，相生相成。这种道理，瞪大眼睛来看，你无法看得到；竖起耳朵来听，你无法听得到；但君王的这种思想却在天地之间充盈。这就叫作'五至'。"

拓 展

　　《孔子家语》又名《孔氏家语》，或简称《家语》，是记载孔子及其弟子思想、言行的著作。今传本《孔子家语》共10卷44篇，三国魏王肃注。《孔子家语》一度被认为是伪书，随着相关文献的出土，该书被确认为先秦旧籍，其文献价值为学界重视。

明·沈周《东庄图册》

49 《墨子》一则

［春秋］墨 翟

　　"兼（鎌）"字的本意是一只手拿两只稻穗，引申为同时涉及几种事物，即不分你我，彼此等同。所谓兼爱，是不分老少、贵贱的爱，是指普遍平等的爱，即不分血缘亲疏和等级贵贱的无差别的爱。

　　今天下之士君子，忠实①欲天下之富，而恶其贫；欲天下之治，而恶其乱；当兼相爱、交相利。此圣王之法，天下之治道也，不可不务②为也。

——《兼爱》

注 释

　　① 忠实：内心确实。忠，通"中"，内心。
　　② 务：努力，尽力。

译 文

　　现在天下的君子，如果内心确实想使天下富裕，而厌恶贫穷；想使天下治理得好，而厌恶动乱；就应当普遍相爱，互相兴利。这是圣明君主的法则，治理天下的道理，不可以不努力去实施。

拓 展

　　"兼爱"是墨家思想的核心。"兼爱"是第一个由平民提出的并在百家争鸣中产生巨大反响的思想理念，体现了墨子对于君王明政爱人的愿望，是诸子百家中的一颗璀璨的明珠，是古代先贤留下的优秀文化遗产。

元·谢庭芝《竹石图轴》

50 礼有三本

[战国] 荀 况

　　"天地君亲师"作为中国礼制文化的核心内容和基本架构，源于《荀子·礼论》中提出的"天地者，生之本也；先祖者，类之本也；君师者，治之本也"，即"三本五伦"说。

　　礼有三本①：天地者，生之本也；先祖者，类之本也；君师者，治之本也。无天地恶生？无先祖恶出？无君师恶治？三者偏亡焉，无安人。故礼上事天，下事地，尊先祖而隆②君师，是礼之三本也。

——《荀子·礼论》

注 释

　　① 本：根本，本源。
　　② 隆：推崇。

译 文

　　礼有三个本源：天地，是生命的本源；先祖，是族类的本源；师长，是治理国家的本源。没有天地，生命从何而来？没有祖先，我们从哪里来？没有老师，国家怎么治理？三者缺一个方面，人们就没法得到安宁。所以礼，上是用来祭祀天的，下是用来祭祀地的，也是表示对祖先和君师的尊重。这是礼的三个根本。

拓 展

　　儒家类是四部分类中子部的门类之一。《汉书·艺文志》中说儒家出于司徒之官，而"游文于六经之中，留意于仁义之际，祖叙尧、舜，宪章文、武，宗师仲尼，以重其言，于道为最高"。《四库全书总目》收录的是得"孔、孟之正传"，而"大旨以濂、洛、关、闽为宗"的著述，也就是以正统儒家观点讲学论事及阐明孔孟学说的书。

明·蓝瑛《仿宋元册页》

51 兵家言二则

　　早在先秦时期，中华民族就形成了丰富的兵家文化。《孙子兵法》是具有世界影响的兵家经典，《孙膑兵法》汉简于 1972 年在临沂银雀山考古发掘中重见天日。读读下面的兵家名言，相信你一定会有所收获。

　　兵①者，国之大事，死生之地，存亡之道，不可不察也。

——《孙子兵法·始计篇》

　　故善战者，见敌之所长，则知其所短；见敌之所不足，则知其所有余。

——《孙膑兵法·奇正》

注 释

　　① 兵：用兵，战争。

译 文

　　用兵是国家的大事，关系到国家人民的生死存亡，是不可以不认真考虑研究的。

　　因此善于作战的人，看见敌人的优点，就会知道自己的短处，看到敌人的不足，就会知道自己的优势。

拓 展

　　宋·苏洵《权书》："孙武十三篇，兵家举以为师。然以吾评之，其言兵之雄乎！今其书，论奇权密机，出入神鬼，自古以兵著书者罕所及。……吴起与武一体之人也，皆著书言兵，世称之孙吴。然而吴起之言兵也，轻法制，草略无所统纪，不若武之书词约而意尽，天下之兵说皆归其中。"

52　杨朱之弟

［战国］韩　非

　　"杨朱之弟"这个故事告诉我们，当你被误会的时候，要保持清醒的头脑，学会换位思考，这样才能更好地解决问题。其实这个故事还有多种理解方式。比如提醒我们透过现象看本质，甚至可以用来反观杨朱"贵己"的主张。这也是《韩非子·说林》（供说理的故事之林）用心所在。

　　杨朱之弟杨布衣①素衣而出。天雨，解素衣，衣缁衣而反②，其狗不知而吠之。杨布怒，将击之。杨朱曰："子毋击也，子亦犹是③。曩者④使女狗白而往，黑而来，子岂能毋怪⑤哉？"

——《韩非子·说林下》

注 释

　　① 衣：穿。
　　② 反：同"返"，返回，回家。
　　③ 犹是：像这样。
　　④ 曩（nǎng）者：从前，过去。
　　⑤ 怪：对……感到奇怪。

译 文

　　杨朱的弟弟杨布，穿着白色的衣服出门。下雨了，杨布就脱下白衣，穿着黑色的衣服回家，他家的狗没认出来是杨布，就冲着他叫。杨布很生气，准备打这只狗。杨朱说："你不要打它，如果换作是你，你也会像它这样。如果刚才你的狗离开前是白色，回来时变成了黑色，你怎么能不感到奇怪呢？"

拓 展

　　清·刘熙载《艺概·文概》："韩非锋颖太锐。《庄子·天下篇》称老子道术所戒曰：'锐则挫矣。'惜乎非能作《解老》《喻老》而不鉴之也。至其书大端之得失，太史公业已言之。"

53 白马非马

[战国]公孙龙

"白马非马"是众多哲学家特别是先秦哲学家争论和探讨的一个问题,是逻辑学上一个典型的偷换概念的例子。其把"白马"和"马"这两个不同的概念,用在了一个问题里来进行论证,并作为同等意义上的概念来分析。

"白马非①马",可乎?

曰:可。

曰:何②哉?

曰:马者,所以命③形也;白者,所以命色也。命色者非名形也。故曰:"白马非马"。

——《公孙龙子·白马论》

注 释

① 非:不是。

② 何:为何,为什么。

③ 命:命名。

译 文

问:"可以说白马不等于马吗?"

公孙龙答:"可以。"

问:"为什么?"

公孙龙答:"'马'是用来命名形体的,而'白'是用来命名颜色的,而命名颜色不能等于命名形体。所以说:白马和马是不一样的。"

拓 展

公孙龙(前320—前250),字子秉,赵国邯郸人。名家"离坚白"派的代表人物,诡辩学的祖师。名家善于辩论,擅长进行逻辑分析和探寻思维规律。主要著作有《公孙龙子》,其中最重要的两篇是《白马论》和《坚白论》。

54 《公孙龙子》一则

[战国] 公孙龙

在公孙龙看来,"白"是色,"马"则是"形"。"白马"既有"颜色",也有"形态"。而"马",只能代指一种形态,即马的形态。因此,"白马"和"马"的含义是不一样的。公孙龙的这一辩论,其实点出了"一般"和"个别"的逻辑关系。

白马为非马者,言白所以名色,言马所以名形也;色非形,形非色也。夫言色则形不当与,言形则色不宜从,今合以为物,非也。如求白马于厩中,无有,而有骊色①之马,然不可以应有白马也。不可以应有白马,则所求之马亡矣;亡则白马竟非马。欲推是辩,以正名实而化天下焉。

——《迹府》

注 释

① 骊色:黑色。

译 文

白马不同于马的道理在于:称"白"是揭示事物的颜色,称"马"是揭示事物的形体。事物的颜色不等同于事物的形体,事物的形体也不等同于事物的颜色。当规定物的颜色时则去掉物的形体,而与形体无关;当规定物的形体时则去掉物的颜色,便与颜色无关。现在,把规定颜色的白马等同于规定形体的马,显然是不对的。如果要在马棚里找白马,没有白马,而只有黑色的马,这样当然不可以说这里有白马。既然不能说马棚里有白马,那么就是要找的对象没有了;既然要找的对象没有了,所以白马不能等同于马。想把这一逻辑道理推广开来,从而根据这一原理来端正名实关系,从而统一天下的逻辑规范。

拓 展

名家是诸子百家之一,又称"刑名家",是司马谈《论六家要旨》中的六家之一。名家以严谨的逻辑思想闻名于世,展开了"实""名"和各命题关系的辨析,著名的命题包括"白马论""坚白论"等,著名人物有邓析、公孙龙、宋钘、尹文、惠施等。

55 《鬼谷子》一则

［战国］鬼谷子

象比之术是战国时纵横家有名的分化、拉拢的游说之术。象就是比喻，比就是类比。鬼谷先师告诉我们，要善用比喻和类比的方法营造一个能引起共鸣的故事环境去讲道理、说服对方。

言有象①，事有比②。其有象比，以观其次。象者象其事，比者比其辞也。

——《反应》

注 释

① 象：外在形态。
② 比：比照类推。

译 文

语言有可模拟的形态，事理有可类比的规范。既然有"象"和"比"，那么就可以用来观察预见下一步言行。形象就是事物的外在形貌，比较就是类比对方的辞意。

拓 展

唐·柳宗元《辩鬼谷子》："《鬼谷子》要为无取。汉时刘向、班固录书，无《鬼谷子》。《鬼谷子》后出，而险鷔峭薄，恐其妄言乱世，难信，学者宜其不道。而世之言纵横者，时葆其书……"

纵横家是诸子百家之一，《汉书·艺文志》将其列为"九流十家"之一。战国时期，南与北合为纵，西与东连为横。秦国之外的六国结盟是南北向的联合，故称"合纵"。而六国分别与秦国结盟是东西向的联合，故称"连横"。因此，人们把当时纵横捭阖游说诸侯，鼓吹"合纵"或"连横"外交策略，从事外交活动的人物称作纵横家。纵横家的活动对当时政治军事格局的变化产生了重要的影响。它的创立者为鬼谷子，主要代表人物是苏秦、张仪。

56　庄周梦蝶

[战国]庄　周

人们都说梦境和现实有很大反差，可庄周梦蝴蝶，却产生了和常人不一样的感觉，这究竟是怎么回事呢？

昔者庄周梦为胡蝶，栩栩①然胡蝶也。自喻适志②与，不知周也。俄然③觉，则蘧蘧④然周也。不知周之梦为胡蝶与，胡蝶之梦为周与？周与胡蝶，则必有分矣。此之谓物化。

——《庄子·齐物论》

注　释

① 栩栩：形容生动可喜的样子。
② 适志：舒适自得。
③ 俄然：一会儿，短暂的时间，突然。
④ 蘧蘧（qú）：惊动的样子。

译　文

过去庄周梦见自己变成蝴蝶，很生动逼真的一只蝴蝶，感到多么愉快和惬意啊！不知道自己原本是庄周。突然间醒过来，惊惶不定之间方知原来我是庄周。不知是庄周梦中变成蝴蝶呢，还是蝴蝶梦中变成庄周呢？庄周与蝴蝶那必定是有区别的。这就可叫作物、我的交合与变化。

拓　展

清·胡文英《庄子独见》："庄子眼极冷，心肠最热。眼冷，故是非不管；心肠热，故感慨万端。虽知无用，而未能忘情，到底是热肠挂住；虽不能忘情，而终不下手，到底是冷眼看穿。"

57 鹏程万里

［战国］庄 周

庄子的大鹏是诗情的飞举变化,将我们带入瑰丽神异的诗境;庄子的大鹏是画意的层层渲染,将我们置入气象氤氲的画卷;庄子的大鹏是思辩的即境入理,将我们导入玄妙莫测的思致。

北冥①有鱼,其名为鲲②。鲲之大,不知其几千里也。化而为鸟,其名为鹏③。鹏之背,不知其几千里也。怒④而飞,其翼若垂⑤天之云。是鸟也,海运则将徙⑥于南冥。南冥者,天池⑦也。

——《庄子·逍遥游》

注 释

① 北冥:北海。冥,通"溟",指海。下文"南冥",指南海。传说北海无边无际,水深而黑。

② 鲲(kūn):这里指传说中的大鱼。

③ 鹏:这里指传说中的大鸟。

④ 怒:奋起的样子,这里指鼓起翅膀。

⑤ 垂:同"陲",边际。

⑥ 徙:迁移。

⑦ 天池:天然形成的大海。

译 文

北海里有一条鱼,它的名字叫鲲。鲲非常巨大,不知道有几千里。鲲变化成为鸟,它的名字就叫作鹏。鹏的脊背,也不知道有几千里;当它振动翅膀奋起直飞的时候,翅膀就好像挂在天边的云彩。这只鸟,大风吹动海水的时候就要迁徙到南方的大海去了。南方的大海,是天然形成的。

拓 展

清·刘熙载《艺概·文概》:"文之神妙,莫过于能飞。《庄子》之言鹏曰'怒而飞',今观其文,无端而来,无端而去,殆得'飞'之机者,乌知非鹏之学为周耶!"

58　智者养生

中医诞生于原始社会，在春秋战国时期就已经基本形成中医理论，在之后历朝历代均有总结与发展。中医以阴阳五行为理论基础，中医理论早期的代表作品是《黄帝内经》。

天之在我者，德也；地之在我者，气也。德流气薄①而生者也。故生之来谓之精，两精相搏谓之神，随神往来者谓之魂，并精而出入者谓之魄，所以任②物者谓之心，心之所忆③谓之意，意之所存④谓之志，因志而存变谓之思，因思而远慕谓之虑，因虑而处物谓之智。故智者之养生也，必顺四时而适寒暑，和喜怒而安居处，节阴阳而调刚柔。如是，则僻邪不至，长生久视。

——《黄帝内经·灵枢·本神》

注释

① 薄：靠近。
② 任：担当。
③ 忆：回忆。
④ 存：保存。

译文

天所赋予我们的东西就是德，地所赋予我们的东西就是气。天道和地道相结合就有了生命。因此，那种与生俱来维持人体生命活动的原始物质叫作精，阴阳两精结合而生成的东西叫作神，随着神的往来活动而变化的东西叫作魂，和精气一起出入而产生的东西叫作魄，能够对接触到的外界刺激做出及时恰当反应的东西就称为心，心对外来事物所进行的思维活动叫作意，意识长久存在于人的心中就可以称为意志，因为这种意志而反复思考的过程叫作思，在思考的基础上进行远的推想叫作虑，经过认真考虑，正确、得体地处理事情，这就称为智。因此，明智之人的养生方法，一定能够顺应四季寒暑气候的变化，调和喜怒而安于所处的环境，节制阴阳使刚柔相济。像这样，才不会被邪气所侵，从而可以延年益寿。

　　《黄帝内经》为中国最早的医学典籍,分《灵枢》《素问》两部分,是传统医学四大经典著作之一。它是一本综合性医书,在黄老道家理论上建立了中医学上的"阴阳五行学说""脉象学说""经络学说"等,奠定人体生理、病理、诊断以及治疗的认知基础,是中国影响很大的医学著作。

明·沈周《东庄图册》

59　太玄·玄测序（节选）

［汉］扬　雄

术数，中华古代神秘文化的主干内容，其特征是以数行方术，其基础是阴阳五行、天干地支等。对于术数，我们要批判接受。

盛哉日乎，炳明离章①，五色淳光。夜则测阴，昼则测阳。昼夜之测，或否②或臧③。阳推五福以类升，阴幽六极以类降。升降相关，大贞乃通。经则有南有北，纬则有西有东。巡乘六甲，舆斗相逢④。历以记岁，而百谷时雍。

注 释

① 离章：光芒四射。

② 否：恶，不好。

③ 臧：善，好。

④ 巡乘六甲，舆斗相逢：指天时的周而复始，循环往复。

译 文

太阳光辉灿烂，具有纯正的五种色彩。夜间可以测试阴的一面，白昼可以测试阳的一面。这样昼夜观测，就能预度阴与阳，善与否。阳气长育万物，具有五种福祉；阴气潜藏万物，具有六种祸患。阴阳彼此升降，互相交错，构成自然的运行，节气也因此相通。经度分为南北方向，纬度分为东西方向。天时运行，周而复始，年岁得以形成，人们根据节候安排农事，因此庄稼丰收，岁时和谐。

拓 展

术数类是四部分类中子部的门类之一。术数是中国传统文化的重要组成部分，其特征是以数行方术，基础是阴阳五行、天干地支、河图洛书等，常用来推测个人甚至国家命运的吉凶。《汉书·艺文志》中把天文、历谱、五行、蓍龟、杂占、形法六方面列入术数范围。《中国方术大辞典》中把凡是运用阴阳五行生克制化的数理以行占卜之术的，都纳入术数范围。

60 过秦论（节选）

［汉］贾 谊

　　我们常说，忘记过去，就意味着背叛。历史中有经验，更有教训。所谓"鉴于往事，有资于治道"，历史是了解中国人思想世界的一把密钥。

　　鄙谚曰："前事之不忘，后事之师也。"是以君子为国，观①之上古，验之当世，参②之人事，察盛衰之理，审权势之宜，去就有序，变化因时，故旷日长久而社稷安矣。

　　　　　　　　　　　　　　　　　　　　　　　　　　　　——《新书》

注 释

　　① 观：考察。
　　② 参：参考，检验。

译 文

　　俗话说："前事不忘，后事之师（过去的经验教训不忘记，就是以后做事的借鉴）"。因此，君子治国，考察古史，考证时势，也要通过人事来检验，从而了解兴衰规律，详细了解方略和形势是否得当，实现有序取舍和适时变化。所以历时长久，国家安定。

拓 展

　　《过秦论》是史论，总结了秦王朝的兴衰及其原因，明确提出了中心论点"仁义不施而攻守之势异也"。其目的是为汉文帝提供改革政治的借鉴。贾谊作为士大夫，肯定是站在封建统治阶级的立场上，为汉代建言献策；然而，他认识到农民起义的力量，秦王朝灭亡的关键是失去人民的支持，过于迷信武力。有了这样的认识，统治阶级开始思考如何缓和社会矛盾，以巩固自己的统治力量。

61 《论衡》一则

［汉］王 充

　　礼乐之于人的进步成长到底功用如何,论述它的名句数不胜数。下面我们来看看东汉王充是如何阐述的吧。

　　情性①者,人治之本,礼乐所由生也。故原②情性之极,礼为之防,乐为之节。性有卑谦辞让,故制礼以适其宜③;情有好恶喜怒哀乐,故作乐以通④其敬⑤。礼所以制,乐所为作者,情与性也。

——《本性篇》

注 释

　　① 情:这里指人的喜怒哀乐等情感。性:指人先天具有的道德属性。王充认为,情和性都是先天承受厚薄不同的气所形成的。

　　② 原:分析推究。

　　③ 宜:和顺,亲善。

　　④ 通:传达。

　　⑤ 敬:恭敬,这里是严肃的意思。

译 文

　　情感与品性,是人所需治理的根本,礼乐制度由此而制定。所以要分析情感与品性的极端情况,并以礼作为防范,以乐作为节制。品性有卑谦辞让,因此制礼规以适应;情感有好恶喜怒哀乐,所以作乐以表达严肃恭敬。之所以制礼,之所以作乐,是为情感与品性。

拓 展

　　《论衡》是东汉王充所著的作品,始作于永平二年(59),至永元二年(90)完成,先后历时 30 余年。《论衡》是中国历史上一部不朽的无神论著作,建立了完整的无神论思想体系,同时还讨论了宇宙运作、传染病起源、农业虫害起源等科学问题。

62　凿壁偷光

［晋］葛　洪

　　《西京杂记》是历史笔记小说集,汉代刘歆著,东晋葛洪辑抄。"西京"指的是西汉的首都长安。该书是西汉的杂史,既有史实也有许多逸闻轶事,"凿壁偷光"的故事就出自本书。

　　匡衡勤学而无烛,邻舍有烛而不逮①,衡乃穿壁引其光,以书映光而读之。邑人大姓文不识,家富多书,衡乃与其佣作②而不求偿。主人怪,问衡,衡曰:"愿得主人书遍读之。"主人感叹,资给③以书,遂成大学。

——《西京杂记》

注 释

　　① 逮:到,及。
　　② 佣作:做雇工,劳作。
　　③ 资给:借,资助。

译 文

　　匡衡勤奋好学,但是家中穷买不起蜡烛。邻居家有蜡烛,但光亮无法照到他家,匡衡就在墙壁上凿了个洞,映着邻家的烛光读书。县里有个大户人家虽不识字,但家中富有,收藏了大量书籍。匡衡就到他家去做雇工,但不要报酬。主人感到很奇怪,问他为什么这样做,他说:"我希望读遍主人家的书。"主人听了,为之感叹,就借给匡衡书。于是匡衡成为一代大学问家。

拓 展

　　小说家类是四部分类中子部的门类之一。"小说"一词,较早见于《庄子·外物》中的"饰小说以干县令",言下之意是不通大道的学说即为"小说"。《汉书·艺文志》在《诸子略》中列"小说家类"。《四库全书总目》将内容分成叙述杂事、记录异闻与缀辑琐语三类,认为小说可以观察风俗,以广见闻,从而发挥政教作用。由此可知,古代所谓的"小说"不同于今天的小说,而"小说家类"也并非指今天的小说家或其著作。

63　卧冰求鲤

［晋］干　宝

　　俗话说"百善孝为先"，"孝"文化有着悠久的历史。《搜神记》中有很多体现人间至孝的感人故事，"卧冰求鲤"便是著名的篇章之一。这个故事具有鲜明的时代性，当下的人们自然不用卧冰求鲤，但王祥对父母的孝敬之心仍令人感动。

　　王祥字休征，琅邪人，性至^①孝。早丧亲，继母朱氏不慈^②，数谮^③之，由是失爱于父，每使扫除牛下^④。父母有疾，衣不解带。母常欲生鱼，时天寒，冰冻。祥解衣将剖冰求之，冰忽自解，双鲤跃出，持之而归。母又思黄雀炙^⑤，复有黄雀数十入其幙^⑥，复以供母。乡里惊叹，以为孝感所致。

——《搜神记》卷十一

注释

①　至：极，很。

②　慈：慈爱。

③　谮（zèn）：说坏话诬陷别人。

④　牛下：指牛棚。

⑤　炙：烤（肉），烤的肉。

⑥　幙（mù）：通"幕"，帐幕。

译文

　　王祥（184—268），字休征，琅邪郡人，生性非常孝顺。不幸的是，他很早就失去了母亲，继母朱氏并不喜爱他，还多次诬陷他，因此父亲对他也不喜爱。父亲经常让他去打扫牛棚。但父母亲有疾病时，他总是在身边精心服侍，顾不上睡觉。有一次继母想吃活鱼，当时天寒地冻，王祥便脱了衣服，卧在冰上，把冰破开，准备下水去抓鱼，这时冰层忽然自己裂开，跳出来两条鲤鱼，他就拿了这两条鱼回家了。还有一次继母想吃烤黄雀肉，又有几十只黄雀飞进了他的帐幕，王祥把它们烤了献给继母吃。乡邻们都惊叹万分，认为这是王祥的孝顺感动了神灵的结果。

拓展

　　志怪小说是中国古典文言小说形式之一,以记叙神异鬼怪故事传说为主体内容,产生和流行于魏晋南北朝,与当时社会宗教迷信和玄学风气有关。很多志怪小说保存了大量具有积极意义的故事和传说,较为著名的有曹丕的《列异传》、干宝的《搜神记》、葛洪的《神仙传》、托名陶潜的《搜神后记》、蒲松龄的《聊斋志异》与纪昀的《阅微草堂笔记》等。

明·沈周《东庄图册》

64 古画品录·六法

[南朝齐] 谢 赫

六法论是中国古代品评美术作品的标准和重要的美学原则,后代的画家把六法作为衡量绘画水平高低的标准。

六法者何①? 一,气韵生动是也;二,骨法用笔是也;三,应物象形是也;四,随类赋彩是也;五,经营位置是也;六,传移模写是也。

注 释

① 何:什么。

译 文

绘画的六种方法是哪些? 一是形象要具有生动的气度韵致;二是笔墨要表现出的骨力之美;三是描绘要与所表现的对象形似;四是色彩要与所画之物象相符;五是构思、构图要合理安排位置;六是基本功要扎实,善于摹写形象。

拓 展

《古画品录》是一部画论著作,南朝齐谢赫(约479—502)著。收录了从三国吴至南朝齐的27位画家,分为6个品级,评价其优劣。谢赫在书中提出了完整的绘画六法论,对后世有很大的影响。

元·朱德润《松涧横琴图》

65　魏文侯见宋陵子

［南朝梁］萧　绎

老子说："天之道损有余而补不足。人道则不然，损不足以奉有余。"世上有许多贪得无厌的人，但也有安贫乐道的智者，宋陵子就是一个这样的人。

魏文侯①见宋陵子，三仕②不愿。文侯曰："何贫乎？"曰："王见楚富者，牧羊九十九而愿③百。尝④访邑里⑤故人，其邻人贫有一羊者，富拜之曰：'吾羊九十九，今君之一，盈⑥成我百，则牧数足矣。'邻者与之。从此观焉，富者非富，贫者非贫也。"

——《金楼子·杂记下》

注释

① 魏文侯：战国时期魏国开国君主。

② 仕：旧指做官。

③ 愿：希望。

④ 尝：曾经。

⑤ 邑里：乡里。

⑥ 盈：满足。

译文

魏文侯见到宋陵子三次做官都不愿意，魏文侯说："何苦把自己弄得如此贫困呢？"宋陵子说："大王你看，在楚国有一个富人，牧养着九十九只羊，希望能有一百只羊。富人曾经拜访同乡的故人，邻居中有一个养着一只羊的穷人，富人去拜访他说：'我有九十九只羊，现在你有一只羊，把你的一只羊给我，我牧养的羊就足够一百了，那我牧养的数目就足够。'邻居就给他了。从这里可以看出来，有钱的人并非真的富有，贫穷的人也并非真的贫穷。"

拓展

《金楼子》为南北朝时期梁元帝萧绎所撰，采用札记的形式记述。《金楼子》一书对研究萧绎的思想、生平和齐梁社会历史都是不可多得的材料之一。

唐·赵福《羊图》

66　君子慎交游

［南朝梁］颜之推

历代对《颜氏家训》非常推崇，甚至认为"古今家训，以此为祖"。它虽然深受儒家思想影响，但文中所载很多思想观念极为明通，哪怕是放在现在来看也不过时，甚至还能警示今人。来读读颜之推对交友的见解吧。

是以与善人居，如入芝兰之室，久而自芳也；与恶人居，如入鲍鱼之肆①，久而自臭也。墨翟悲于染丝，是之谓②矣。君子必慎交游焉。孔子曰："无友不如己者。"颜、闵③之徒，何可世得！但④优于我，便足贵之。

——《颜氏家训·慕贤第七》

注 释

①鲍鱼之肆：出售咸鱼的店铺。鲍鱼，咸鱼，其气味腥臭。肆，店铺。

②是之谓：即"谓是"，宾语前置。说的就是这个。

③颜、闵：指孔子弟子颜回、闵损（子骞）。

④但：只。

译 文

因此，与善人住在一起，就像进入满是芝草兰花的屋子中一样，时间一长自己也变得芬芳起来；与恶人住在一起，就像进入满是咸鱼的店铺一样，时间一长自己也变得腥臭起来。墨子看见人们染丝就叹惜，说的也就是这个意思。君子与人交往一定要慎重。孔子说："不要和不如自己的人交朋友。"像颜回、闵损那样的贤人，哪能够时时遇见！只要比我强，也就足以让我看重他了。

拓 展

南北朝时期颜之推（531—约597）创作的《颜氏家训》，共7卷，20篇，是颜之推记述个人经历、思想、学识以告诫子孙的著作。《颜氏家训》保留了一些很有价值的历史文献，而且文笔质朴，对后世的影响颇为深远。

明·项圣谟《项圣谟花卉十开》

67 采茶

[唐] 陆 羽

中国是世界上最早发现和利用茶树的国家,是茶的故乡,更是茶文化的发源地。茶发于神农,闻于周公,兴于唐朝,盛于宋代。从最早有记载茶的《僮约》,到旷世巨作《茶经》,关于茶的论述逐渐丰富,涉及茶艺、茶道的各个方面。下面是《茶经》中有关采茶及制茶的记载。

凡采茶,在二月、三月、四月之间。茶之笋者生烂石沃土,长四五寸,若薇①蕨②始抽,凌露③采焉。茶之牙者,发于丛薄④之上,有三枝、四枝、五枝者,选其中枝颖拔⑤者采焉。其日有雨不采,晴有云不采。晴采之,蒸之,捣之,拍之,焙之,穿之,封之,茶之干矣。

——《茶经·三之造》

注 释

① 薇:薇科,一年生草本,叶尖端卷曲。
② 蕨:蕨科,地下的茎很长,嫩叶的前端卷曲如拳。
③ 凌:通"陵",侵犯。凌露:迎着露水,也就是凌晨的时光。
④ 丛薄:草木丛生的地方。从,丛生的树木。薄,草木茂密。
⑤ 颖拔:指生长得秀长挺拔。

译 文

采茶都在(唐历)二月、三月、四月间进行。像笋一样,芽叶生长在有风化石碎块的土壤中,长四到五寸,好像刚刚长出的薇蕨嫩茎一样。清晨时,迎着露水采摘它。次一等的短小的芽叶,生长在草木丛生的地方。有三枝、四枝、五枝的,采摘其中长得挺拔的。当天有雨不采茶,晴天有云也不采,只有晴天才能采。采摘的芽叶,把它们蒸熟,用杵臼捣烂,放到模型里用手拍压成一定的形状,然后焙干,最后穿成串,密封好,这样茶就可以保持干燥了。

拓 展

《茶经》，唐代陆羽所著，是中国乃至世界现存最早、最完整的介绍茶的专著，被誉为茶叶百科全书。此书记录了关于茶叶生产的历史、源流、生产技术以及茶艺原理等内容，并将儒家修身养性、克己复礼的道德追求融入了其中，提出了对品茶者的人品要求。因此，陆羽被尊为"茶圣"。

谱录类是四部分类中子部的门类之一。此类无明确的著录范围，所收往往是不好归属于别类的杂书，即《四库全书总目》所言"收诸杂书之无可系属者"。谱录类著作最早在《隋书·经籍志》中出现，归入"史部·谱系类"。《遂初堂书目》始立"谱录"一类，《四库全书总目》沿用了这种分类方法，并分成"器物""食谱""草木鸟兽虫鱼"三目。

明·项圣谟《花卉十开》

68 艺文类聚·凤（节选）

[唐] 欧阳询 等

　　中国的凤，以东方神秘主义的特有形式和复杂多变的艺术造型，蕴涵着中国人和中国文化中特有的基本观念。在上古时代，凤作为神或神的使者而存在。《说文解字》中记载："凤，神鸟也……出于东方君子之国……见则天下大安宁。"经过几千年的文化传承，龙凤形象已深入中国文化的各个方面。

　　《说文》曰：凤，神鸟也。

　　《山海经》曰：轩辕之丘[①]，鸾[②]自歌，凤自舞。又曰：南禺[③]之山，有凤皇鹓雏[④]。

　　《周书·王会》曰：凤鸟戴仁抱义。

　　《大戴礼》曰：羽虫三百六十，而凤皇[⑤]为之长。

　　《毛诗》曰：凤皇于飞，翙翙其羽[⑥]，亦傅[⑦]于天。又曰：凤皇鸣矣，于彼高岗，梧桐生矣，于彼朝阳。

　　《礼记》曰：麟凤龟龙，谓之四灵。

　　《左传》曰：陈大夫卜妻敬仲，其妻占之曰：凤皇于飞，和鸣锵锵[⑧]，有妫[⑨]之后，将育于姜。

　　《鹖冠子》曰：凤鹑[⑩]火禽，阳之精也，德能致之，其精毕至。

　　《论语》曰：凤鸟不至，河不出图，吾已矣夫。

注释

① 轩辕之丘：传说为黄帝出生及建都之地。

② 鸾（luán）：指古代中国神话传说中凤凰一类的鸟。

③ 南禺（yú）：最南边的角落。

④ 鹓（yuān）雏（chú）：指凤凰一类的鸟。

⑤ 凤皇：即凤凰，古代传说中的百鸟之王。

⑥ 翙翙（huì）其羽：凤和凰相偕而飞。

⑦ 傅：通"附"，附着，这里有到达的意思。

⑧ 和鸣锵锵（qiāng）：和鸣，互相应和而鸣叫。锵锵，声音响亮，这里主要用来形容

一些象征吉祥、愉悦的鸟叫。

⑨ 妫（guī）：姓，妫姓为上古时期原始姓氏之一，得姓始祖是舜帝。

⑩ 凤鹑（chún）：相传为一种凤鸟。

拓 展

《艺文类聚》是唐代欧阳询、令狐德棻等 10 余人于唐高祖武德七年（624）编纂而成的一部综合性类书。全书共 100 卷，征引古籍 1431 种，保存了唐代以前大量的文学作品及其他文献资料，其中许多篇章早已失传，因此具有重要的文献价值。

清·陈枚《山水楼阁图册》

69 《困学纪闻·评诗》二则

[宋]王应麟

　　黄庭坚一生为官清正，垂范千古。王安石称赞其："鲁直清才，非奔走俗吏。"其诗风影响深远，为江西诗派的代表。杨万里最初即学习江西诗风，后来转益多师，而另辟蹊径，创下别具一格的"诚斋体"。

　　山谷①诗云："能与贫人共年谷，必有明月生蚌胎②。"为富不仁者可以警。

　　诚斋③始学江西④，既而学五字律于后山⑤，学七字绝句于半山⑥，最后学绝句于唐人。

注释

　　① 山谷：即黄庭坚。黄庭坚（1045—1105），字鲁直，号山谷道人、涪翁，分宁（今江西省修水县）人。北宋书法家、文学家。

　　② 能与贫人共年谷，必有明月生蚌胎：黄庭坚称赞胡逸老的诗句，说他在灾年能拿出粮食与贫人共享，和气必能致祥，后代必得佳子弟。这里用了韦康、韦诞兄弟的典故。据《三国志·魏书·荀彧传》裴松之注，孔融赞扬韦端的两个儿子韦康与韦诞为一双明珠。黄庭坚认为，胡逸老必能像韦端那样，明珠出于蚌胎，优秀子弟出于门庭。

　　③ 诚斋：即杨万里。杨万里（1127—1206），字廷季，号诚斋，吉州吉水（今属江西省）人。南宋文学家，与陆游、尤袤、范成大并称为南宋"中兴四大诗人"。

　　④ 江西：江西诗派。

　　⑤ 后山：即陈师道。陈师道（1053—1102），字履常，一字无己，号后山居士，徐州彭城（今江苏省徐州市）人。北宋时期文学家，"苏门六君子"之一，江西诗派重要作家。

　　⑥ 半山：即王安石。王安石（1021—1086），字介甫，号半山，抚州临川（今江西省抚州市）人，北宋时期政治家、文学家、思想家、改革家。

译文

　　黄庭坚作诗："能与贫人共年谷，必有明月生蚌胎。"唯利是图、为发财而不择手段的人可以凭借这句诗作为警醒。

　　杨万里诗歌最初模仿江西诗派，然后模仿陈师道的五言律诗，后来又模仿王安石的七言绝句，晚年模仿唐朝诗人的绝句。

70　《近思录》一则

[宋]朱　熹　吕祖谦

《吕氏春秋》中说："君子所以学者，为能变化气质已。"而一个人气质修养最为直接的表现就是他的言谈举止。修养足够深厚了，言谈举止自然就会气定辞缓。因此，我们要通过不断地学习改变自己的气质。

人语言紧急，莫①是气不定否？曰："此亦当习②，习到自然缓时，便是气质变。"

注　释

① 莫：难道。
② 习：学习。

译　文

有人说话很急促，难道是心气不定吗？回答说："这是需要学习的，等学习到说话自然平缓的时候，就是一个人气质改变的时候。"

拓　展

宋·朱熹《近思录序》："淳熙乙未之夏，东莱吕伯恭来自东阳，过予寒泉精舍。留止旬日，相与读周子、程子、张子之书，叹其广大闳博，若无津涯，而惧夫初学者不知所入也。因共掇取其关于大体而切于日用者，以为此编。总六百二十二条，分十四卷。盖凡学者所以求端用力、处己治人之要，与夫辨异端、观圣贤之大略，皆粗见其梗概。"

明末清初·龚贤《山水八景之一》

71 林逋隐居

［宋］沈 括

杭州有许多赏梅胜地，杭州西湖的小孤山更是享有盛名，那里有放鹤亭及林和靖先生墓，北宋时代的著名诗人林逋（林和靖）就长眠在那里。当年他在此植梅，写过不少咏梅佳句，还因"梅妻鹤子"的佳话而闻名古今。

林逋①隐居杭州孤山，常畜两鹤，纵之则飞入云霄，盘旋久之，复入笼中。逋常泛小艇，游西湖诸寺。有客至逋所居，则一童子出应门②，延客坐，为开笼纵鹤。良久，逋必棹③小船而归。盖尝以鹤飞为验也。逋高逸倨傲，多所学，唯不能棋。常④谓人曰："逋世间事皆能之，唯不能担粪与着棋。"

——《梦溪笔谈·人事》

注 释

① 林逋（bū）（967—1028）：字君复，杭州钱塘（今属浙江省杭州市）人。早年游历江淮间，后归隐杭州西湖孤山，种梅养鹤，终身不娶，以诗著名，卒谥和靖先生。

② 应门：候门，守门，指在大门口。

③ 棹（zhào）：划水行船。

④ 常：曾经。

译 文

林逋隐居在杭州的一个山中，长年养了两只仙鹤。放出来它们可以飞进云里，盘旋好久后，再把他们关入笼中。林逋常常荡着小船，到西湖的寺庙里游玩。有客人到林逋居住的地方，一个童子出门迎接，请客人坐下。然后打开笼子放出仙鹤。不一会儿，林逋必定乘小船回来了。原来是常常把仙鹤飞天作为信号。林逋清高闲逸，倨傲不群，多才多艺，唯独不能下棋，他曾经对人说："我世间的事都能做，只是不能担粪与下棋。"

拓 展

沈括（1031—1095），字存中，号梦溪丈人，杭州钱塘人。沈括出身官宦之家，宋仁宗嘉祐八年（1063）进士及第。宋神宗时，参与熙宁变法，受王安石器重，历任太子中允、史馆检讨、三司使等职。后曾驻守边境，抵御西夏。晚年隐居梦溪园。沈括一生致力于科学研究，在众多领域有很深的造诣。

清·沈铨《松梅双鹤图》

72　措大吃饭

[宋]苏 轼

　　《东坡志林》记载了北宋许多的朝野之事,也保留了许多荒诞不经的传说。文章信笔写来,挥洒自如,充分体现了苏轼行云流水、涉笔成趣的文学风格。

　　有二措大①相与言志,一云:"我平生不足惟②饭与睡耳,他日得志,当饱吃,饭了便睡,睡了又吃饭。"一云:"我则异于是,当吃了又吃,何暇复睡耶!"吾来庐山,闻马道士嗜睡,于睡中得妙③。然④吾观之,终不如彼措大得吃饭三昧也。

——《东坡志林·梦寐》

注 释

① 措大:指穷酸不得志者的书生。
② 惟:只有。
③ 妙:好处。
④ 然:但是。

译 文

　　两个书生聊起平生志向,一个说他的遗憾就是缺觉和吃不饱,有朝一日能够实现愿望,他就吃了睡,睡了吃。另一个书生不以为然,说我的理想跟你不同,我要是得意了,就一顿接一顿地吃饭,哪有时间睡觉呀。我(苏轼)来到庐山,听说马道士好睡觉,他在睡觉中悟道。但是在我看来,还是不如那个吃饭的读书人获得了真理。

拓 展

　　宋·苏轼《自评文》:"吾文如万斛泉源,不择地皆可出。在平地滔滔汩汩,虽一日千里无难。及其与山石曲折,随物赋形而不可知也。所可知者,常行于所当行,常止于不可不止,如是而已矣。其他虽吾亦不能知也。"

73 《归田录》一则

［宋］欧阳修

　　宋人笔记以记录日常生活、品藻身边人物为主要内容，由于作者多记亲闻亲见亲历之事，具有日常性与真实性，因此具有一定的艺术感染力，有的则具有史料价值。欧阳修在《归田录》中以一句"恩欲归己，怨使谁当"即表现出宰相王曾的正直持重，《归田录》中类似的故事很多，我们从中可以体会到笔记体的价值与魅力。

　　王文正公（曾）为人方正持重，在中书最为贤相。尝①谓②："大臣执政，不当收恩③避怨。"公尝语尹师鲁曰："恩欲归己，怨使谁当！"闻者叹服，以为名言。

注 释

　　① 尝：曾经。
　　② 谓：说。
　　③ 收恩：给人恩惠，笼络人心。

译 文

　　王文正公为人正直，品德高尚，在中书省任职时是最贤明的宰相，曾经说过为人臣子不应当施恩惠以笼络人心，规避怨恨，他对尹师鲁说："把给人恩惠的事情全留给自己，让人怨恨的事情让谁去做呢？"听到这番话的人非常信服，把这句话当作名言。

拓 展

　　《归田录》为宋代历史琐闻类笔记，欧阳修撰，共 2 卷 115 条。此书为欧阳修晚年辞官闲居颍州时所作，故书名为《归田录》。多记朝廷旧事和士大夫琐事，大多系亲身经历与见闻。

明·文徵明《扇面山水图》

74 《声律发蒙》一则

［明］兰 茂

　　清代孙人龙在《声律发蒙叙》中说:"《发蒙》一书,切于幼学,吟诵之下,恍觉景物山川,皆成佳趣,庙堂经济,如在眼前;学者童而习之,便不至于白首茫然也。"这段话说明了《声律发蒙》一书对于启蒙儿童声律学习的重要作用。一般认为这是第一部用韵语写成供童生学习音韵对仗的专用读本,早于李渔《笠翁对韵》约200年。作者兰茂,是明代的音韵学家。

　　《三都赋》[①],八阵图[②]。新礼乐,旧规模。九畴[③]八卦[④],二典[⑤]三谟[⑥]。霜晨闻画角,雪夜拥红炉。晓雨桑中鸣布谷,春风花里叫鹈鹕[⑦]。茅屋朱门两树花,一般开谢;秦宫汉苑千年草,几度荣枯。

注 释

　　① 《三都赋》:指西晋文学家左思所写的魏、吴、蜀三国的都城赋。

　　② 八阵图:三国时期蜀汉丞相诸葛亮推演兵法而创设的一种阵法。

　　③ 九畴(chóu):传说中天帝赐给禹治理天下的九类大法。

　　④ 八卦:用"—"代表阳,用"– –"代表阴,用这两种符号,按照大自然的阴阳变化平行组合,组成八种不同形式,叫作八卦。它其实是最早的文字表述符号。

　　⑤ 二典:指《尚书》中《尧典》《舜典》的合称。

　　⑥ 三谟:指《尚书》中的《大禹谟》《皋陶谟》《益稷》。

　　⑦ 鹈(tí)鹕(hú):一种鸟名。

拓 展

　　类书是四部分类中子部的门类之一。这类书籍一般按门类、字韵等编排各种相关材料以备查检,堪称古代文化的数据库,较著名的有《北堂书钞》《艺文类聚》《初学记》《太平御览》《册府元龟》等。《四库全书总目》也将元代祝明撰写的《声律启蒙》归入此类。

宋·佚名《桑果山鸟图》

75　诗主性情

［清］顾炎武

　　"诗言志"出自《尚书》；"文章本天成，妙手偶得之"，出自陆游。古人作诗以表达自己的情感为主，当为了诗歌的韵律挖空心思而失去自然韵味的时候，就忘了创作的初心了。

　　诗主性情①，不贵奇巧②。唐以下人有强用一韵中字几尽者，有用险韵③者，有次人韵④者，皆是立意以此见巧，便非诗之正格⑤。

——《日知录·论古人用韵》

注 释

　　① 性：性格，禀性。情：思想情感，这里指诗的情感。

　　② 奇巧：奇异机巧，奇诡狡诈。

　　③ 险韵：作诗词时用一般人不用的韵字来押韵。

　　④ 次人韵：指次韵。旧时诗词写作的一种方式，指按照原诗的韵和用韵的次序来和诗，也叫步韵。

　　⑤ 正格：格律诗常用的格式，与偏格相对。

译 文

　　诗歌最主要的就是所表达的情感，而非形式的奇异机巧。唐朝以后的诗人有为作诗强行使用一韵中几乎所有的字的，有用"险韵"的，有用"次人韵"的，都是想在这些方面显示自己的机巧，这样就不是作诗的正格了。

拓 展

　　《日知录》是明末清初著名学者、大思想家顾炎武（1613—1682）的代表作品，对后世影响很大。该书是经年累月，积金琢玉撰成的大型学术札记，是顾炎武"稽古有得，随时札记，久而类次成书"的著作，以明道、救世为宗旨，集中体现了作者的学术思想和政治理念。

清·王翚 王时敏《仿古山水》

76 《老子》第一章

《老子》分上下两篇,阐述了老子的哲学思想,其朴素的辩证法对后世影响深远。第一章"道"与"名"两个关键词,贯通全书八十一章。"道"的含义博大精深,是其哲学思想的核心。

道①可道②,非常③道;名④可名⑤,非常名。无,名天地之始;有,名万物之母。故常无,欲以观其妙;常有,欲以观其徼⑥。此两者,同出而异名,同谓之玄⑦。玄之又玄,众妙之门。

注释

① 道:构成宇宙的实体与动力。
② 道:用语言表达出来。
③ 常:永恒不变。
④ 名:这里指道的名称,文化思想。
⑤ 名:用语言表达出来。
⑥ 徼(jiào):通"窍",踪迹的意思。
⑦ 玄:幽昧深远。

译文

可以说出口的道,就不是真正的永恒不变的"道",可以用语言表达出来的名,就不是真正的永恒不变的"名"。无,是天地的开端;有,是万物的根源。所以,常从"无"中观察天地奥妙所在;常从"有"中寻找万物踪迹。有和无,也只是同一来源的不同名称罢了。有和无都是幽昧深远的,它们是一切变化的总门。

拓展

《老子》,又称《道德真经》《道德经》《五千言》,是中国古代先秦诸子分家前的一部著作,为其时诸子所共仰,是道家哲学思想的重要来源。老子在政治上,主张无为而治、不言之教。在权术上,讲究物极必反之理。在修身方面,讲究虚心实腹、不与人争的修持。

清·王翚《仿古山水册》

77 《老子》第二章

老子认为世间万物是对立统一的,就如美与恶、有与无、难与易、高与下、长与短,事物相互依存又变化发展。老子还提出了一些基本的行为准则,即"无为""不言""弗始""弗有""弗恃""弗居"等。

天下皆知美之为美,斯恶已①;皆知善之为善,斯不善已。有无相生,难易相成,长短相形,高下相盈,音声②相和,前后相随,恒也。是以圣人处无为之事,行不言之教;万物作而弗③始④,生而弗有,为而弗恃⑤,功成而弗居。夫唯弗居,是以不去。

注释

① 已:语气词,可译为"了"。
② 音声:古代音和声是有区别的。单调的、无节奏的叫"声",复杂的、有节奏的叫"音"。
③ 弗:不。
④ 始:管理,干涉。
⑤ 恃(shì):依赖,依靠。

译文

天下的人都知道美的事物为什么是美的,是因为丑恶的存在;都知道善的事物为什么是善,是因为恶的观念的存在。互相对立之下,"有"和"无"就产生了,互相矛盾中困难和容易相互促成,互相比较后才形成长和短,互相对照中高和下才会有分别,音和声由于对立才显得和谐动听,排列顺序才有前和后的区分,这都是永恒不变的。因此,有道的人用"无为"的法则来对待世事,用"不言"的方式施行教化;让万物兴起而不加干预,滋养万物而不据为己有;抚育万物但不自恃己能,大功告成而不居功自傲。正因为他不居功,所以他的功绩不会失去。

拓展

汉·司马迁《史记·太史公自序》:"道家无为,又曰无不为,其实易行,其辞难知。其术以虚无为本,以因循为用。无成执,无常形,故能究万物之情。不为物先,不为物后,故能为万物主。有法无法,因时为业;有度无度,因物与合。故曰'圣人不朽,时变是守。虚者道之常也,因者君之纲'也。群臣并至,使多明也。"

78 《关尹子》一则

"九层之台起于累土",知识的积累是从一点一滴做起的;"千里之堤溃于蚁穴",事物的溃败也是从小疵小隙开始的。关尹子告诫我们要做好小事情,珍惜小事物,善待每个人,才能成就大事业。

关尹子曰:"勿轻小事,小隙①沉舟;勿轻小物,小虫毒身;勿轻小人,小人贼国。能周小事,然后能成大事;能积小物,然后能成大物;能善小人,然后能契②大人。"

——《九药》

注 释

① 隙:缝隙。
② 契:融洽,和谐。

译 文

不要轻视微小的事情,再小的缝隙也能让舟船沉没。不要轻视微小的物件,再小的虫子也可能对身体产生毒害。不要小看卑微的人物,再卑微的人物也可能误国殃民。能够在小事情上取得圆满,才能够成就大事。能够正视微小的物件,才能够有能力应对更大的事务。能够善待小人物,才能够与大人物融洽和谐地交往。

拓 展

清·刘熙载《艺概·文概》:"文家于《庄》《列》外,喜称《楞严》《净名》二经,识者知二经乃似《关尹子》,而不近《庄》《列》。盖二经笔法有前无却,《庄》《列》俱有曲致,而《庄》尤缥缈奇变,乃如风行水上,自然成文也。"

元·佚名《竹石图页》

79　荣子三乐

　　颜回之乐，在于安贫乐道，不因贫穷而烦恼，安心静气，不改变自己的追求，不改变自己的原则，始终以行仁道而快乐。生活中从来不缺少快乐之人，关键在于我们用什么样的心态来看待自己所处的环境。荣子三乐将会把我们带入另一种快乐之境。

　　孔子游①于太山，见荣启期行乎郕之野②，鹿裘带索，鼓琴而歌。

　　孔子问曰："先生所以乐，何也？"

　　对曰："吾乐甚多：天生万物，唯③人为贵；而吾得为人，是一乐也。男女之别，男尊女卑，故以男为贵；吾既得为男矣，是二乐也。人生有不见日月、不免襁褓者；吾既已行年九十矣，是三乐也。贫者，士之常也；死者，人之终也。处常得终，当何忧④哉？"

　　孔子曰："善乎！能自宽⑤者也。"

——《列子·天瑞》

注　释

　　① 游：游览。
　　② 野：郊外。
　　③ 唯：只有。
　　④ 忧：忧愁。
　　⑤ 宽：宽慰。

译　文

　　孔子在泰山游览，看见荣启期漫步在郕邑的郊外，穿着粗皮衣，系着粗麻绳，一面弹琴，一面唱歌。

　　孔子问道："先生这样快乐，是因为什么呢？"

　　荣启期回答说："我快乐的原因很多：大自然生育万事万物，只有人最尊贵；而我既然能够成为人，那自然就是我快乐的第一个原因了。人类中有男女的区别，男人受尊重，女人受鄙视，所以男人最为贵；而我既然能够成为男人，那自然就是我快乐的第二个原因了。人出生到世上，有没有见到太阳月亮、没有离开襁褓就夭亡的；而我既然已经活到了九十岁，那自然就是我快乐的第三个原因了。贫穷是读书人的普遍状况，死亡是人的最终结果，我安心处于一般状况，等待最终结果，还有什么可忧愁的呢？"

孔子说："说得好！你是个能够自己宽慰自己的人。"

拓 展

唐·柳宗元《辩列子》："虽不概于孔子道，然其虚泊寥阔，居乱世，远于利，祸不得逮乎身，而其心不穷。《易》之'遁世无闷'者，其近是欤？余故取焉。其文辞类《庄子》，而尤质厚，少伪作，好文者可废耶？其《杨朱》《力命》疑其杨子书。其言魏牟、孔穿皆出列子后，不可信。然观其辞，亦足通知古之多异术也，读焉者慎取之而已矣。"

明·董其昌《仿宋元人缩本画跋册》

文化记忆三·古代饮食

民以食为天，食物是人类生存和发展的物质基础。孔子曾说过："饮食男女，人之大欲存焉。"由此可见，饮食是人类生存最基本、最原始的需求。

一、主食

主食是中国人餐桌上的主角。米饭、面条、馒头、包子、饺子和馄饨等主食数千年的变迁，体现着中华民族悠久的历史文化。

1. 米饭

在距今9000到8000年前，我国的先民成功地培植出了粟（小米）、黍（黄米）、水稻等谷物，先民们在陶釜中做成了最早的米饭。春秋战国时期香饭盛行，秦汉时期出现了麦饭。魏晋南北朝时期，米饭品种繁多。南朝的中后期，稻米饭走向主导地位。隋唐统一之后，稻成为南方主食。

2. 面条

部分学者认为，《释名》中记载的汤饼是后来面条的发端。南北朝的水引面和后来的面条已非常相似。宋代，"面"已经作为这类食品的固定名称。北宋后期，切成细条的汤面开始流行。

3. 馒头

馒头出现在晋代，当时叫作蒸饼。西晋太庙祭祀时用"面起饼"，是指经过发酵的馒头。唐代蒸饼已很常见，宋代的蒸饼又叫炊饼，直到明代，蒸饼才改称为馒头。

4. 饺子

饺子起源于东汉时期，为医圣张仲景首创，最初作为药用。汉末三国时，饺子已经成为一种食品，被称为"月牙馄饨"。南北朝时期，馄饨"形如偃月，天下通食"。唐代的饺子已经变得和如今的饺子几乎一样。宋代称饺子为"角儿"，它是后世"饺子"一词的词源。

二、五谷

五谷原是中国古代所称的五种谷物，后泛指粮食类作物。古代对此有多种不同说法，最主要的有两种：一种指稻、黍、稷、麦、菽；另一种指麻、黍、稷、麦、菽。

稻字是从"舀"字转变过来的，"舀"的本意就是一个人在石臼上舂米。一般所说的稻是指需要在水田种植的庄稼的总称。

小麦主要用于制面粉，皮可作牲畜饲料，麦秆可用于编织等。

黍去壳，就是黄米，可以酿酒、做糕。

稷又称粟,俗称"粟有五彩",有白、红、黄、黑、橙、紫各种颜色的小米。中国最早的酒是用小米酿造的。

麻主要用作农作生产,茎皮可以做成麻绳、麻衣、麻纸等。去皮后的茎,可以当柴烧、盖房子,皮与秆茎可以做宣纸。

菽,豆类的总称。《春秋·考异邮》:"菽者稼最强。古谓之尗,汉谓之豆,今字作菽。菽者,众豆之总名。"

稻

黍

稷

麦

菽

麻

三、饮食方式

在原始部落时期,生产力水平极低,食物以平均分配为主,这就是最初的分餐制。商周时期,古代的贵族延续分餐制以区分地位的尊卑。

秦朝出于政治需要延续了具有"定等级、明贵贱"的分餐制。《史记》中写道:"项王、项伯东向坐。亚父南向坐。亚父者,范增也。沛公北向坐,张良西向侍。"可以看出,项王和项伯两人朝东坐,范增朝南坐,而刘邦则是朝北坐,张良朝西坐,一人一案,分而食之。

汉朝的《易林》记载:"二人同室,兄弟合食,和乐相好,各得所欲。"这时的分餐制依然只存在于贵族阶层。

魏晋南北朝时期出现了分餐和合餐并存的局面。

唐朝出现了"会食制"。主人请客,大家同在一张桌子,合食饼或汤、粥等主食,其他的饭菜都由仆人按人头分配好,即同桌不共餐。

南唐顾闳中的《韩熙载夜宴图》描绘了南唐贵族在几案上分餐而食的场景。

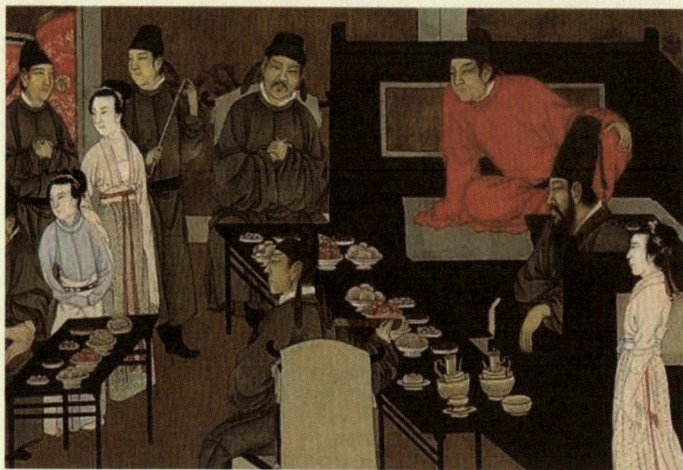

南唐·顾闳中《韩熙载夜宴图》（局部）

宋朝时期,民间的合餐饮食方式逐渐取代了繁文缛节的分餐制度。

明清时期,饮食方式不仅继承和发展了唐宋饮食的习俗,还融合了满族和蒙古族的特色。

四、烹饪方法

烹饪方法是烹饪的常用技巧。中国自古以来就是美食大国,我们的劳动人民几千年的智慧沉淀在美食的制作上,可以说得到了淋漓尽致的体现,常见的烹饪方法有炒、爆、熘、炸、烹、煎、贴、烧、焖、炖、蒸、氽、煮、烩、炝、腌、拌、烤、卤、冻、拔丝、蜜汁、熏、卷、滑、焗等。

运用这些不同的烹饪方式制作的菜肴更是美味至极。仅《红楼梦》一书中提到的珍贵美食就有数十道,如火腿炖肘子、火腿鲜笋、糟鹅掌鸭信、野鸡崽子汤、笼蒸螃蟹。

集部

集部，我国古代图书四部分类法(经、史、子、集)中的第四大类，也叫丁部。唐初著名史学家、政治家魏徵等人所撰《隋书·经籍志》第一次正式确立"集部"。《四库全书总目》中将集部分为楚辞、别集、总集、诗文评、词曲五类。

80　离骚①（节选）

[战国] 屈　原

"居庙堂之高则忧其民，处江湖之远则忧其君。"自古民生多艰，伟大的爱国诗人屈原掩面流下的泪水中又饱含着多少对楚地人民的悲悯，对祖国大地的深情。

长太息②以掩涕兮，哀民生③之多艰④。

余虽好修姱⑤以鞿羁⑥兮，謇⑦朝谇⑧而夕替⑨。

既替余以蕙纕⑩兮，又申之以揽茞⑪。

亦余心之所善兮，虽九死⑫其犹未悔。

注 释

① 离骚之义，历来多有争议。古代注家有认为"离骚"即"离忧"，也就是离别的忧思；有的认为"离"通"罹"，即遭受之义，"离骚"就是遭受忧患。有的解"骚"为"扰动"，"离骚"即经历了扰动不安的境况。今人也有不同理解，钱锺书认为"离骚"为离开忧愁之义，也有学者解为"牢骚"之义。

② 长太息：深长地叹息。

③ 民生：万民的生存。

④ 艰：难。

⑤ 修姱(kuā)：洁净而美好。

⑥ 鞿羁(jī jī)：指马缰绳和络头，比喻束缚。

⑦ 謇(jiǎn)：正直。

⑧ 谇(suì)：进谏。

⑨ 替：废。

⑩ 纕(xiāng)：佩戴。

⑪ 揽茞(chǎi)：采集白芷，比喻坚持高尚的德行。揽，采集。茞，香草名，即白芷。

⑫ 九死：万死。

拓 展

屈原(约前340—前278)，芈姓，屈氏，名平，字原，出生于楚国丹阳秭归(今属湖北省)。战国时期楚国诗人、政治家，被誉为"楚辞之祖"。主要作品有《离骚》《九歌》《九章》《天问》等。

81 九辩（节选）

［战国］宋 玉

"自古逢秋悲寂寥"，一句"悲哉，秋之为气也"，让悲秋作品从此形成滚滚洪流，原来让古人动情的秋色秋声，都为萧瑟之色、哀飒之声。

悲哉，秋之为气也！
萧瑟兮草木摇落①而变衰，
憭栗②兮若在远行，登山临水兮送将归，
泬寥③兮天高而气清，寂寥④兮收潦⑤而水清。

注 释

① 摇落：动摇脱落。

② 憭（liáo）栗（lì）：凄凉。

③ 泬（xuè）寥（liáo）：空旷寥廓。

④ 寂寥：即"寂寥"，虚静的样子。

⑤ 潦（lǎo）：积水。

拓 展

宋玉，生卒年不详，楚国人，据说是屈原的弟子，著有《九辩》《高唐赋》《神女赋》《登徒子好色赋》《风赋》等文章。这些作品的共同特点是以情胜理，用形象的手法把浪漫主义的情感抒发得淋漓尽致，在中国文学传统上具有开创性意义。其作品中悲秋、神女、美人、风雨、山川、游历等主题，一直影响着后代文学。

清·恽寿平《仿古山水册》

82 渡易水①歌

[战国] 荆 轲

燕赵之地自古多慷慨悲歌之士,萧萧寒风吹易水,易水仍在歌仍在,踏歌之人可在?

风萧萧②兮③易水寒,壮士④一去兮不复还。

注释

① 易水:河流名,在今河北省易县,当时为燕国的南界。
② 萧萧:秋天的风声。
③ 兮:语气助词。
④ 壮士:这里指荆轲。

拓展

太子及宾客知其事者,皆白衣冠以送之。至易水之上,既祖,取道,高渐离击筑,荆轲和而歌,为变徵之声,士皆垂泪涕泣。又前而为歌曰:"风萧萧兮易水寒,壮士一去兮不复还!"复为慷慨羽声,士皆瞋目,发尽上指冠。于是荆轲遂就车而去,终已不顾。

——汉·司马迁《史记·刺客列传》

清·髡残《山水册》

83 诗四首(其三)

[汉] 苏 武

汉朝时,苏武奉命以中郎将持节出使匈奴,被扣留。匈奴贵族多次威胁利诱,欲使其投降,后将他迁到北海(今贝加尔湖)边牧羊。苏武历尽艰辛,留居匈奴 19年持节不屈,其顽强的意志和坚忍不拔的品质令人感佩。他在胡地赠别故人,心境又是怎样的呢?

黄鹄①一远别,千里顾徘徊。

胡马失其群,思心常依依②。

何况双飞龙③,羽翼临当乖④。

幸有弦歌曲,可以喻中怀。

请为游子吟⑤,泠泠⑥一何悲。

丝⑦竹⑧厉⑨清声,慷慨有余哀。

长歌⑩正激烈,中心怆以摧⑪。

欲展清商曲⑫,念子不能归。

俯仰内伤心,泪下不可挥。

愿为双黄鹄,送子俱远飞。

注 释

① 黄鹄(hú):神话传说中的大鸟,能一举千里。

② 依依:恋恋不舍。

③ 飞龙:龙是传说中的神物,这里是以飞龙喻作者送别的朋友和他自己。

④ 乖:乖违,离别。

⑤ 游子吟:琴曲。

⑥ 泠泠:形容音韵清。

⑦ 丝:指用丝弦的乐器,如琴瑟。

⑧ 竹:指竹制的乐器,如箫管。

⑨ 厉:强烈。

⑩ 长歌:乐府歌有《长歌行》,又有《短歌行》,据《乐府解题》,其分别在于歌声的长

短。长歌是慷慨激烈的，短歌是微吟低徊的。

⑪ 怆以摧：怆、摧都是悲伤的意思。

⑫ 清商曲：是短歌而不是长歌。曹丕《燕歌行》："援琴鸣弦发清商，短歌微吟不能长。"

拓展

与苏武诗三首（其一）

[汉]李陵

良时不再至，离别在须臾。

屏营衢路侧，执手野踟蹰。

仰视浮云驰，奄忽互相逾。

风波一失所，各在天一隅。

长当从此别，且复立斯须。

欲因晨风发，送子以贱躯。

孔子称"志士仁人，有杀身以成仁，无求生以害仁"，"使于四方，不辱君命"，苏武有之矣。

——汉·班固《汉书·李广苏建传》

清·石涛《山水册》

84　歌一首

［汉］李延年

让汉武帝刘彻念念不忘的李夫人究竟是何等的美丽,我们不得而知。幸而有诗文记载,我们一起在其胞兄李延年的诗里找寻李夫人的一抹倩影吧。

北方有佳人,绝世而独立。
一顾倾人城,再顾倾人国①。
宁不知②倾城与倾国,佳人难再得。

注释

① 倾人城、倾人国:原指因女色而亡国,后多形容妇女容貌极美。
② 宁不知:怎么不知道。

拓展

李延年(? —前101),西汉音乐家,汉武帝宠妃李夫人的哥哥。李延年因擅长音律,故颇得武帝喜爱。后李延年妹妹入宫,称李夫人,李延年也得以被封"协律都尉",负责管理皇宫的乐器。

明·唐寅《仕女图》

85　燕歌行①

［三国魏］曹　丕

　　曹丕在中国七言诗的发展史上做出了重要贡献。《燕歌行》是现存最早的一首完整的七言诗，句句押韵，格调清丽宛转。

秋风萧瑟天气凉，草木摇落②露为霜。

群燕辞归鹄③南翔，念君客游思断肠。

慊慊④思归恋故乡，君为淹留⑤寄他方？

贱妾茕茕⑥守空房，忧来思君不敢忘，

不觉泪下沾衣裳。

援琴鸣弦发清商⑦，短歌微吟不能长。

明月皎皎照我床，星汉西流夜未央⑧。

牵牛织女遥相望，尔⑨独何辜⑩限河梁⑪？

注　释

① 燕歌行：燕是北方边地，征戍不绝，所以《燕歌行》多半写离别。

② 摇落：凋残。

③ 鹄：天鹅。

④ 慊（qiè）慊：空虚之感。

⑤ 淹留：久留。

⑥ 茕（qióng）茕：形容孤孤单单，无依无靠。

⑦ 清商：乐名。清商音节短促，所以下句说"短歌微吟不能长"。

⑧ 夜未央：夜已深而未尽的时候。

⑨ 尔：指牵牛、织女。

⑩ 何辜：何罪，有什么罪。

⑪ 河梁：河上的桥。传说牵牛和织女隔天河，只能在每年七月七日相见，乌鹊为他们搭桥。

拓 展

　　曹丕（187—226），字子桓，三国时期著名的政治家、文学家，曹魏的开国皇帝，220年至226年在位。曹丕自幼好文学，于诗、赋、文皆有成就，尤擅长五言诗，与其父曹操和弟曹植，并称"三曹"。今存《魏文帝集》2卷，还著有《典论》，其中的《论文》是中国文学史上第一部系统的文学批评专论。

86　饮酒（其五）

［晋］陶渊明

　　《饮酒（其五）》是陶渊明诗歌艺术风格的典范。这首诗融抒情、说理、写景于一体，语言平淡质朴，不假雕饰，但含蕴丰厚，富有理趣，体现出陶渊明顺应自然、回归自然的人生理想。

结庐①在人境，而无车马喧②。

问君③何能尔④？心远地自偏。

采菊东篱下，悠然⑤见南山⑥。

山气日夕⑦佳，飞鸟相与还⑧。

此中有真意，欲辨已忘言。

注释

① 结庐：建造住宅，这里指居住的意思。

② 车马喧：指世俗交往的喧扰。

③ 君：指作者自己。

④ 何能尔：为什么能这样。尔，如此，这样。

⑤ 悠然：自得的样子。

⑥ 南山：泛指山峰，一说指庐山。

⑦ 日夕：傍晚。

⑧ 相与还：结伴而归。

拓展

　　陶渊明（约365—427），字元亮，又一说名潜，字渊明，号五柳先生，浔阳柴桑人（今属江西省九江市）。东晋末期南朝宋初期诗人。曾做过几年小官，后因厌烦官场辞官回家，从此隐居。田园生活是陶渊明诗的主要题材，相关作品有《饮酒》《归园田居》《桃花源记》《五柳先生传》《归去来兮辞》等。

清·黄山寿《拟古山水册》

87 夜宿石门诗①

［晋］谢灵运

李白《夜宿山寺》想象独特，词句瑰丽。被称作"大谢"的谢灵运在夜宿石门之时又记述了山中何样的生活和怎样的奇特景物呢？

朝搴苑中兰②，畏彼③霜下歇④。

暝还云际宿，弄此石上月。

鸟鸣识夜栖，木落知风发。

异音⑤同至听，殊响俱清越⑥。

妙物⑦莫为赏，芳醑⑧谁与伐⑨。

美人竟不来，阳阿⑩徒晞发⑪。

注 释

① 这首诗又名《石门岩上宿》。石门，即石门山，在今浙江省嵊州市，诗人在这里筑有石门别墅。这首诗主要是通过描写山中的生活和奇特的景物，来表达自己孤独、寂寞的思想感情。

② 朝搴（qiān）苑中兰：袭用《离骚》"朝搴阰之木兰兮"句意。搴，取。

③ 彼：指木兰等花草。

④ 霜下歇：经霜冻而凋谢。

⑤ 异音、殊响：指上两句所说鸟声、树叶声、风声等。

⑥ 清越：清脆悠扬。

⑦ 妙物：指上文兰、云、月、鸟、木、风等景物。

⑧ 芳醑（xǔ）：芳香的美酒。

⑨ 谁与伐：谁与我共同品赏其美味。伐，赞美。

⑩ 阳阿：古代神话传说中的山名。

⑪ 晞发：晒干头发。

拓 展

谢灵运（385—433），陈郡阳夏（今河南省太康县）人，出生于会稽始宁（今浙江省上虞市），原为陈郡谢氏士族，东晋名将谢玄之孙，小名"客儿"，人称谢客，又以袭封康乐公，称谢康乐。著名山水诗人，主要创作活动在刘宋时代，中国文学史上山水诗派的开创者。谢灵运还兼通史学，工于书法，翻译佛经，曾奉诏撰《晋书》。

88　送别诗

现代人拥有轮翼之速、通讯之便，鲜有相思之苦；而古代的日子，通信要很久很久，思念会很长很长。杨柳折尽了，行人归不归？

杨柳青青著地垂，杨花①漫漫②搅天飞③。

柳条折尽④花飞尽，借问行人⑤归不归？

注释

① 杨花：又名柳絮，指晚春时杨柳所结籽上的白色绒毛。

② 漫漫：众多的样子。

③ 搅天飞：漫天乱飞乱舞。

④ 柳条折尽：古代在分离时有折柳赠别的习俗。

⑤ 行人：出行在外的人。

拓展

清·沈德潜《古诗源》："竟似盛唐人手笔。"

清·王翚《仿古四季山水图》

89 和晋陵陆丞早春游望

[唐]杜审言

　　早春时节,和朋友游览风景,本是赏心乐事,可江南景色愈发撩人,诗人愈发思念自己的家乡,以至于伤心落泪。

独有宦游人①,偏惊物候新。
云霞出海曙,梅柳渡江春。
淑气②催黄鸟,晴光转绿蘋③。
忽闻歌古调,归思欲沾巾。

注 释

① 宦游人:远离家乡,在外做官的人。
② 淑气:指春天和暖的天气。
③ 绿蘋(pín):水中绿色的浮萍。

拓 展

　　杜审言(约645—708),字必简,襄州襄阳(今属湖北省)人,后徙河南巩县(今河南省巩义市),杜甫的祖父。他和李峤、苏味道、崔融被称为"文章四友",是唐代近体诗的奠基人之一。其五言律诗格律谨严,著有《杜审言集》10卷,已佚。

清·陈枚《山水楼阁图册》

90　望洞庭湖赠张丞相

〔唐〕孟浩然

　　此诗先言洞庭湖气势浩大，波澜壮阔，而后将欲渡无舟的感慨以及临渊而羡鱼的情怀曲折委婉地表达出来。清代学者王士禛评颔联中的"蒸"字与"撼"字说："何等响，何等确，何等警拔也。"

八月湖水平，涵虚①混太清。

气蒸云梦泽，波撼岳阳城。

欲济无舟楫②，端居③耻圣明。

坐观垂钓者，徒有羡鱼情。

注　释

① 涵虚：涵容天空。涵，涵容。虚，指天空。

② 舟楫（jí）：指船只。

③ 端居：独处，闲居。

拓　展

　　孟浩然（689—740），字浩然，襄州襄阳（今属湖北省）人，世称"孟襄阳"，是唐代著名的山水田园诗人，与王维并称"王孟"。他的诗绝大部分为五言短篇，多写山水田园和隐居的逸兴以及羁旅行役的心境，有《孟浩然集》3卷传世。

元·盛懋《秋溪放艇图》

91 送魏万之京

[唐]李 颀

友人远行，诗人送别，临行前切切叮咛：不要轻易消磨宝贵时光，要抓紧时机成就一番事业。临别赠言可谓语重心长，情真意切。

朝闻游子①唱离歌，昨夜微霜初渡河。

鸿雁不堪愁里听，云山况是客中过。

关城曙色催寒近，御苑砧声②向晚多。

莫见长安行乐处，空令岁月易蹉跎③。

注 释

① 游子：指魏万，号王屋山人，唐朝诗人。

② 砧（zhēn）声：捣衣声。

③ 蹉（cuō）跎（tuó）：虚度。

拓 展

李颀（约690—约751），河南颍阳（今河南省登封市）人，唐代诗人。唐玄宗开元二十三年（735）进士，曾任新乡尉，后辞官归隐于东川别业。其诗以边塞题材为主，风格豪放，慷慨悲凉，七言歌行尤有特色，代表作品有《古意》《古从军行》等。

清·王鉴《仿古山水》

92　登金陵凤凰台

[唐]李　白

李白游黄鹤楼时曾感慨写下"眼前有景道不得，崔颢题诗在上头"的诗句，也就是说崔颢的《黄鹤楼》一诗珠玉在前，自己难以措手。后来李白游凤凰台，写下《登金陵凤凰台》一诗，有人认为这是为了与崔诗一争高下，让我们一起来品读一下吧。

凤凰台上凤凰游，凤去台空江自流。

吴宫花草埋幽径，晋代衣冠成古丘①。

三山半落青天外，二水②中分白鹭洲。

总为浮云能蔽日，长安不见使人愁。

注释

① 古丘：坟丘。

② 二水：一作"一水"。指秦淮河流经南京而入长江时，被江中的白鹭洲分为两支。

拓展

清·爱新觉罗·弘历《唐宋诗醇》："崔颢题诗黄鹤楼，李白见之，去不复作，至金陵登凤凰台乃题此诗，传者以为拟崔而作，理或有之。崔诗直举胸情，气体高浑，白诗寓目山河，别有怀抱，其言皆从心而发，即景而成，意象偶同，胜境各擅，论者不举其高情远意，而沾沾吹索于字句之间，固已蔽矣。至谓白实拟之以较胜负，并谬为'槌碎黄鹤楼'等诗，鄙陋之谈，不值一噱也。"

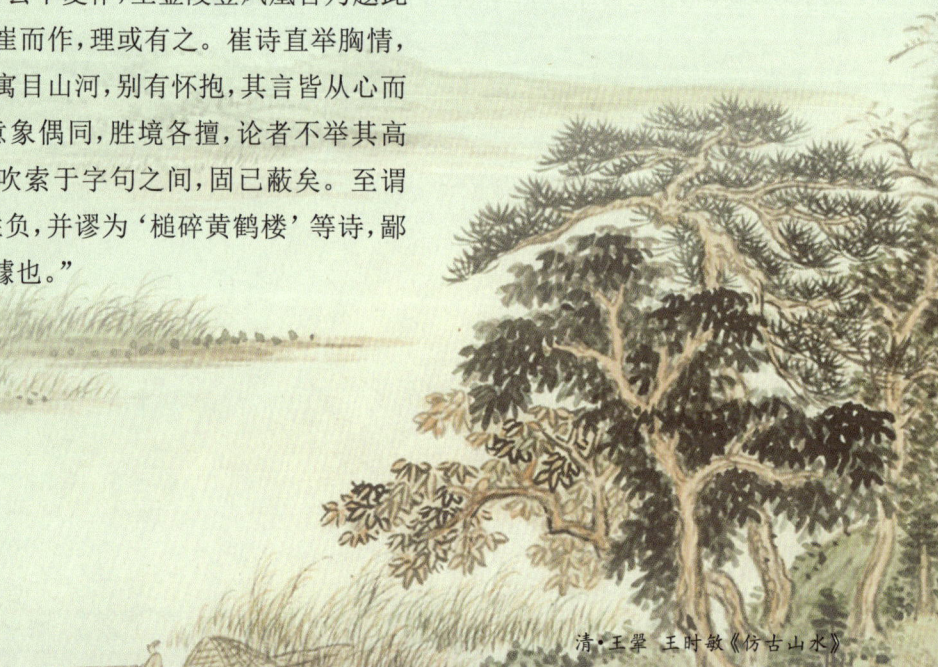

清·王翚 王时敏《仿古山水》

93 长相思（其一）

［唐］李 白

在古代，以《长相思》为词令的诗作很多，比如"菊花开，菊花残。塞雁高飞人未还，一帘风月闲""愁来瘦转剧，衣带自然宽。念君今不见，谁为抱腰看"等，往往抒写思妇之怨。下面这首李白所作的《长相思》，别有寄托，是突破藩篱之作。

长相思，在长安①。络纬②秋啼金井阑③，微霜凄凄簟色寒④。孤灯不明思欲绝，卷帷望月空长叹。美人如花隔云端。

上有青冥⑤之长天，下有渌水⑥之波澜。天长路远魂飞苦，梦魂不到关山难。长相思，摧心肝。

注 释

① 长安：今陕西省西安市。
② 络纬：昆虫名，又名莎鸡，中型螽斯，即蝈蝈。
③ 金井阑：精美的井阑。
④ 簟色寒：指竹席的凉意。簟，凉席。
⑤ 青冥：青云。
⑥ 渌水：清水。

拓 展

关山月

［唐］李 白

明月出天山，苍茫云海间。
长风几万里，吹度玉门关。
汉下白登道，胡窥青海湾。
由来征战地，不见有人还。
戍客望边色，思归多苦颜。
高楼当此夜，叹息未应闲。

元·盛懋《山水图》

94　菩萨蛮①

［唐］李　白

　　黄昏，是动情的时刻。这平林笼烟，寒山凝碧，暝色入楼，宿鸟归林；心头所想的那远方的人，那长亭短亭，以及横隔在他们之间的迢迢路程……置身其中，又是一番怎样的感受？

平林②漠漠烟如织，寒山一带伤心碧。暝色入高楼，有人楼上愁。
玉阶空伫立，宿鸟归飞急。何处是归程？长亭更短亭③。

注释

　　① 菩萨蛮：唐教坊曲名，又名《菩萨篁》《重叠金》《花间意》《梅花句》等。《杜阳杂编》："大中初，女蛮国入贡，危髻金冠，璎珞被体，号为菩萨蛮，当时倡优遂制《菩萨蛮曲》，文士亦往往声其词。"后来，《菩萨蛮》便成了词人用以填词的词牌。但据《教坊记》载开元年间已有此曲名。到底孰是，今不可考。

　　② 平林：平原上的林木。《诗经·小雅·车舝》："依彼平林，有集维鷮。"《毛传》："平林，林木之在平地者也。"

　　③ 长亭更短亭：古代设在路边供行人休歇的亭舍。庾信《哀江南赋》："十里五里，长亭短亭。"这说明当时每隔十里设一长亭，五里设一短亭。《释名》卷五："亭，停也，人所停集也。""更"一作"连"。

拓展

忆秦娥
［唐］李　白

箫声咽，秦娥梦断秦楼月。秦楼月，年年柳色，霸陵伤别。
乐游原上清秋节，咸阳古道音尘绝。音尘绝，西风残照，汉家陵阙。

清·萧云从《山水册页》

95　八阵图①

[唐] 杜　甫

　　武侯的终身志向，在于严惩汉贼，以酬谢先主刘备的知遇之恩，征伐吴国并非首要之事。北伐未遂，而先主猇亭挫败，强大的邻国还没有消灭，看着八阵图的遗石，听着悲壮的江声，少陵低回江浦，伤感于遗恨吞吴，好像在听先主的叹息之声。

功盖②三分国③，名成八阵图。

江流石不转，遗恨失吞吴④。

注释

① 八阵图：由八种阵势组成的图形，用来操练军队或作战。

② 盖：超过。

③ 三分国：指三国时期魏、蜀、吴。

④ 失吞吴：吞吴失策的意思。

拓展

　　宋·苏轼《东坡志林》："仆尝梦见人，云是杜子美，谓仆曰：'世人多误解吾诗。《八阵图》诗云：'江流石不转，遗恨失吞吴。'人皆以为先主、武侯，皆欲与关羽复仇，故恨其不能灭吴。非也。我本意谓吴、蜀唇齿之国，不当相图。晋之所以能取蜀者，以蜀有吞吴之意，此为恨耳。此理甚长。"

清·樊圻《山水册页》

96　春日忆李白

［唐］杜　甫

　　此诗以赞诗起，以"论文"结，由诗到人，又由人回到诗，把对人的怀念和对诗的倾慕，紧密结合。"渭北春天树，江东日暮云"一联景中寓情，阅读时应好好体会。杜甫诗集中关于李白的诗作有十余首，李白也曾寄赠杜甫"思君若汶水，浩荡寄南征"的诗句，可见两位伟大诗人的真挚情感。

白也诗无敌，飘然思不群①。
清新庾开府②，俊逸鲍参军③。
渭北春天树，江东日暮云。
何时一樽酒，重与细论文。

注释

① 不群：与众不同。
② 庾（yú）开府：指庾信。
③ 鲍参军：指鲍照（414—466），字明远，东海（今山东苍山南）人，南朝宋文学家。

拓展

　　清·杨伦《杜诗镜铨》："首句自是阅尽甘苦，上下古今，甘心让一头地语。窃谓古今诗人，举不能出杜之范围，惟太白天才超逸绝尘，杜所不能压倒，故尤心服，往往形之篇什也。"

沙丘城下寄杜甫
［唐］李　白

我来竟何事，高卧沙丘城。
城边有古树，日夕连秋声。
鲁酒不可醉，齐歌空复情。
思君若汶水，浩荡寄南征。

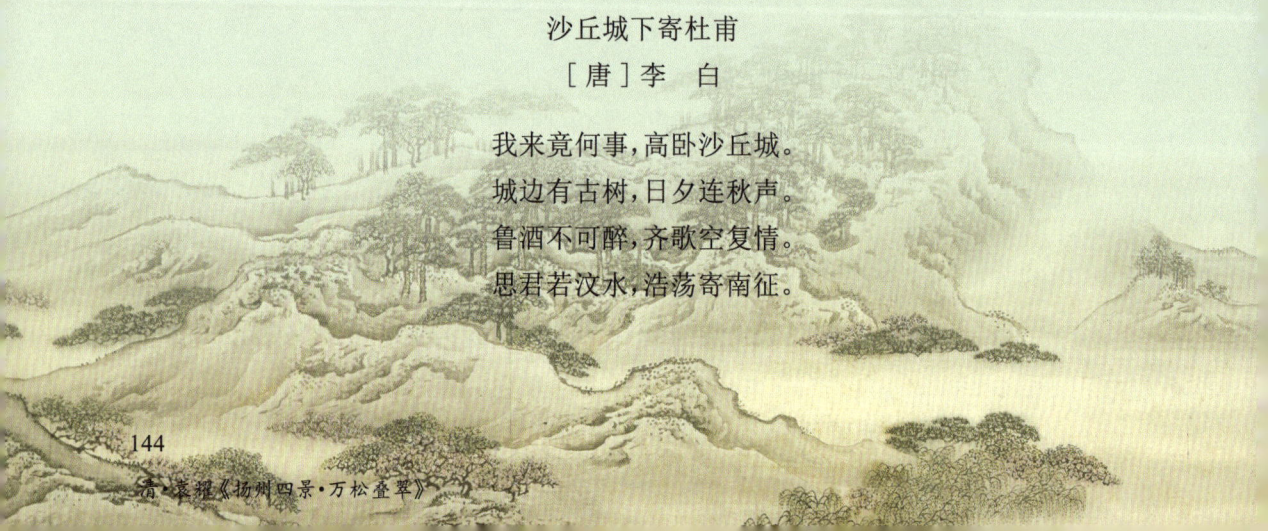

清·袁耀《扬州四景·万松叠翠》

97　白雪歌送武判官归京

［唐］岑　参

在边塞派中,岑参的诗作以边塞风物描绘最为著名。天宝十三载,岑参第二次出塞,出任安西北庭使封常清的判官,送其前任武判官归京,写下这首著名的《白雪歌送武判官归京》。

北风卷地白草折,胡天八月即飞雪。

忽如一夜春风来,千树万树梨花开。

散入珠帘湿罗幕,狐裘①不暖锦衾②薄。

将军角弓③不得控④,都护⑤铁衣冷难着。

瀚海阑干百丈冰,愁云惨淡万里凝。

中军⑥置酒饮归客⑦,胡琴琵琶与羌笛。

纷纷暮雪下辕门⑧,风掣⑨红旗冻不翻。

轮台⑩东门送君去,去时雪满天山路。

山回路转不见君,雪上空留马行处。

注释

① 狐裘(qiú):狐皮袍子。

② 锦衾(qīn):锦缎做的被子。

③ 角弓:两端用兽角装饰的硬弓,一作"雕弓"。

④ 不得控:(天太冷而冻得)拉不开(弓)。控,拉开。

⑤ 都(dū)护:镇守边镇的长官,此为泛指,与上文的"将军"是互文。

⑥ 中军:称主将或指挥部。古时分兵为中、左、右三军,中军为主帅的营帐。

⑦ 饮归客:宴饮归京的人,指武判官。饮,动词,宴饮。

⑧ 辕门:军营的门。古代军队扎营,用车环围,出入处以两车车辕相向竖立,状如门。这里指师衙署的外门。

⑨ 风掣(chè):红旗因雪而冻结,风都吹不动了。掣,拉,扯。

⑩ 轮台:唐轮台在今新疆维吾尔自治区乌鲁木齐市米东区境内,与汉轮台(在今新疆维吾尔自治区轮台县)不是同一地方。

拓 展

　　明末清初·王夫之《唐诗评选》："颠倒传情,神爽自一,不容元、白问花源津渡。'胡琴琵琶与羌笛',但用《柏梁》一句,神采鹭飞。"

清·王鉴《湘碧居士仿古册》

98 全椒山中道士

[唐] 韦应物

韦应物是山水田园诗派著名诗人，以善于写景、描写隐逸生活而闻名。因此，他的诗歌清新典雅，宛如一杯清茶，淡而有味。

今朝郡斋①冷，忽念山中客②。

涧③底束④荆薪⑤，归来煮白石⑥。

欲持一瓢⑦酒，远慰风雨夕。

落叶满空山，何处寻行迹。

注 释

① 郡斋：滁州刺史衙署的斋舍。

② 山中客：指全椒县西三十里神山上的道士。

③ 涧：山间流水的沟。

④ 束：捆。

⑤ 荆薪：杂柴。

⑥ 白石：《神仙传》云："白石先生者，中黄丈人弟子也，常煮白石为粮，因就白石山居，时人故号曰白石先生。"此指山中道士艰苦的修炼生活。

⑦ 瓢：将干的葫芦挖空，分成两瓣，叫作瓢，用来作盛酒浆的器具。

拓 展

韦应物（737—792），长安（今陕西省西安市）人，唐代著名诗人。因出任过苏州刺史，世称"韦苏州"。此诗作于唐德宗建中四年（783）或兴元元年（784）秋日。"安史之乱"后，韦应物进士及第，官至洛阳丞，后被迫辞官后又任滁州刺史。此诗创作于诗人滁州刺史任上。

清·恽寿平《仿古山水册》

99　琵琶行（节选）

〔唐〕白居易

　　很多著名的诗人，生命中都有一个绕不开的地方，比如杜甫的夔州，杜牧的扬州，苏东坡的黄州，杨万里的永州。被贬江州的白居易送客江头，偶逢琵琶女，从其身世遭遇联想到自己政治上失意坎坷，顿时触动了天涯沦落的心境，创作灵感油然而生，写下了千古绝唱《琵琶行》。下面是琵琶女弹奏的片段，我们可以体会白居易对音乐的精彩描绘。

轻拢慢捻抹复挑，初为《霓裳》后《六幺》①。
大弦②嘈嘈如急雨，小弦③切切如私语。
嘈嘈④切切⑤错杂弹，大珠小珠落玉盘。
间关莺语花底滑，幽咽泉流冰下难⑥。
冰泉冷涩弦凝绝，凝绝不通声暂歇。
别有幽愁暗恨生，此时无声胜有声。
银瓶乍破水浆迸，铁骑突出刀枪鸣。
曲终收拨当心画⑦，四弦一声如裂帛。
东船西舫悄无言，唯见江心秋月白。

注释

①《六幺》：大曲名，又叫《乐世》《绿腰》《录要》，为歌舞曲。
② 大弦：指最粗的弦。
③ 小弦：指最细的弦。
④ 嘈嘈：声音沉重抑扬。
⑤ 切切：细促轻幽，急切细碎。
⑥ 冰下难：泉流冰下阻塞难通，形容乐声由流畅变为冷涩。
⑦ 当心画：用拨子在琵琶的中部划过四弦，是一曲结束时经常用到的右手手法。

清·陈枚《山水楼阁图册》

on

100　题都^①城南庄

［唐］崔　护

在春光烂漫、百花吐艳的季节，有花木扶疏、桃树掩映的门户，然而，使这一切都增光添彩的人却不知何处去，唯有一树桃花在春风中粲然而笑。

去年今日此门中，人面^②桃花相映红。
人面不知何处去，桃花依旧笑^③春风。

注释

① 都：国都，指唐朝京城长安。
② 人面：指姑娘的脸。第三句中"人面"指代姑娘。
③ 笑：形容桃花盛开的样子。

拓展

崔护（772—846），字殷功，唐代博陵（今河北省定州市）人。唐德宗贞元十二年（796）登第，唐文宗大和三年（829）为京兆尹，同年为御史大夫、广南节度使。其诗风精练婉丽，《全唐诗》存诗六首，皆是佳作，尤以《题都城南庄》脍炙人口。

149

清·恽寿平《瓯香馆写生册·桃花》

101 遣悲怀三首（其二）

［唐］元 稹

　　夫妻死别，天人永隔，何其悲痛？白天触景伤情，夜晚梦回冥界相寻，诗人对妻子的怀念可见一斑。生离死别，在所难免，然同贫贱共患难夫妻之永诀，更有一种难言的哀痛。

昔日戏言身后意①，今朝都到眼前来。
衣裳已施行看尽②，针线犹存未忍开。
尚想旧情怜③婢仆，也曾因梦送钱财。
诚知此恨人人有，贫贱夫妻百事哀。

注 释

① 身后意：关于死后的安排。
② 行看尽：眼看就要没有了。
③ 怜：怜爱。

拓 展

　　元稹（779—831），字微之，别字威明，河南洛阳（今属河南省）人。唐代诗人、文学家。聪明过人，少有才名。与白居易共同倡导新乐府运动，世称"元白"。其乐府诗创作受张籍、王建的影响，"新题乐府"直接缘于李绅。现存诗830余首，有《元氏长庆集》留世。

明·董其昌《山水十二开》

102　赠别（其一）

［唐］杜　牧

　　二十八字挥洒自如，游刃有余，真俊爽轻利之至。别情人不用一个"你"字；赞美人不用一个"女"字；甚至没有一个"花"字、"美"字，不著一字而能尽得风流。

　　娉娉袅袅①十三余②，豆蔻③梢头二月初。

　　春风十里扬州路，卷上珠帘总不如。

注释

① 娉（pīng）娉袅（niǎo）袅：形容女子体态轻盈美好。

② 十三余：言其年龄。

③ 豆蔻（kòu）：据《本草》载，豆蔻花生于叶间，南人取其未大开者，谓之含胎花，常以比喻少女。

拓展

　　杜牧（803—约852），字牧之，号樊川居士，京兆万年（今陕西省西安市）人。唐代著名诗人，人称"小杜"，以别于杜甫，与李商隐并称"小李杜"。因晚年居长安南樊川别墅，故后世称"杜樊川"，著有《樊川文集》。

清·王翚《仿古山水册》

103　泊秦淮①

［唐］杜　牧

　　明月无情，不解人世悲欢。商女虽然善歌，却如同无知的木石。唯独有孤舟中的行客，俯仰兴亡，不堪重听。

烟笼寒水月笼沙，夜泊秦淮近酒家。
商女②不知亡国恨，隔江犹唱后庭花③。

注释

　　① 秦淮：秦淮河，相传为秦始皇南巡会稽时开凿，用来疏通淮水，故称秦淮河。

　　② 商女：以卖唱为生的歌女。

　　③ 后庭花：歌曲《玉树后庭花》的简称。

拓展

　　清·管世铭《读雪山房唐诗序例》："王阮亭司寇删定洪氏《唐人万首绝句》，以王维之《渭城》、李白之《白帝》、王昌龄之'奉帚平明'、王之涣之'黄河远上'为压卷，駸于前人之举'蒲萄美酒''秦时明月'者矣。近沈归愚宗伯亦效举数首以续之。今按其所举，惟杜牧'烟笼寒水'一首为角。"

明·唐寅《红叶题诗仕女图》

104 锦瑟

［唐］李商隐

　　清代学者王士祯曾感叹："一篇《锦瑟》解人难。"关于此事的主题，历来众说纷纭，有开宗明义说、悼亡说、自伤说、爱情说以及主张不刻意求解的意境说等。也有人认为此诗的魅力正在于"可解不可解之间"。我们也可以抱着不求甚解的态度去读，体会一种缠绵低回、迷离恍惚的诗境之美。

　　　　　　锦瑟无端①五十弦，一弦一柱思华年②。
　　　　　　庄生晓梦迷蝴蝶，望帝春心托杜鹃。
　　　　　　沧海月明珠有泪，蓝田日暖玉生烟。
　　　　　　此情可待成追忆，只是当时已惘然③。

注 释

　① 无端：没有理由的。
　② 华年：青春年华。
　③ 惘（wǎng）然：怅然若失的样子。

拓 展

　　宋·黄朝英《缃素杂记》："东坡云：此出《古今乐志》，云：'锦瑟之为器也，其弦五十，其柱如之，其声也适、怨、清、和。' 案李诗，'庄生晓梦迷蝴蝶'，适也；'望帝春心托杜鹃'，怨也；'沧海月明珠有泪'，清也；'蓝田日暖玉生烟'，和也。一篇之中，曲尽其意。"

　　明·胡应麟《诗薮》："锦瑟是青衣名，见唐人小说，谓义山有感作者。观此诗结句及晓梦、春心、蓝田、珠泪等，大概无题中语，但首句略用锦瑟引起耳。宋人认作咏物，以适、怨、清、和字面附会穿凿，遂令本意懵然。且至 '此情可待成追忆' 处，更说不通。学者试尽屏此等议论，只将题面作青衣，诗意作追忆读之，自当踊跃。"

105 菩萨蛮

[唐] 温庭筠

　　有些词可视为一个电影短片，没有半句台词，我们却能捕捉到情感的起伏。诗人温庭筠深谙此道，精心剪裁的几个画面，几个几乎静态的微妙动作，便将我们带入剧中人的情感世界。

　　小山重叠金明灭，鬓云①欲度香腮雪②。懒起画蛾眉③，弄妆梳洗迟。照花前后镜，花面交相映。新帖绣罗襦，双双金鹧鸪④。

注 释

　　① 鬓云：像云朵似的鬓发，形容发髻蓬松如云。

　　② 香腮雪：雪白的面颊。

　　③ 蛾眉：女子的眉毛细长弯曲像蚕蛾的触须，故称蛾眉。一说指元和以后叫浓阔的时新眉式"蛾翅眉"。

　　④ 鹧鸪：贴绣上去的鹧鸪图，说的是当时的衣饰，就是用金线绣好花样，再绣贴在衣服上，谓之"贴金"。

拓 展

　　温庭筠（约812—866），本名岐，字飞卿，太原祁县（今山西省祁县东南）人。才华横溢，文思敏捷，每入试，押官韵，八叉手而成八韵，因而有"温八叉"之称，然而恃才不羁，故屡举进士不第，长被贬抑，终生不得志，官终国子助教。其在诗史上与李商隐齐名，并称"温李"，在词史上与韦庄齐名，并称"温韦"。其诗辞藻华丽，秾艳精致，内容多写闺情。其词艺术成就在晚唐诸词人之上，为"花间派"鼻祖，对词的发展影响较大。后人辑有《温飞卿集》《金奁集》。

望江南

[唐] 温庭筠

梳洗罢，独倚望江楼。过尽千帆皆不是，斜晖脉脉水悠悠。肠断白蘋洲。

106 春怨

［唐］金昌绪

　　四句诗蝉联而下,一气呵成。梦境神秘,有时我们不知从何说起,而此诗采用倒叙手法,为我们点明了梦的方向,请参读拓展中的类似诗作。

打起黄莺儿,莫教枝上啼。
啼时惊妾①梦,不得到辽西②。

注释

① 妾:女子的自称。
② 辽西:古郡名,在今辽宁省辽河以西的地方。

拓展

　　金昌绪,生卒年不详,余杭(今属浙江省杭州市)人,身世不可考,仅《春怨》一首诗传世。

　　清·贺裳《载酒园诗话》:"金昌绪'打起黄莺儿……'令狐楚则曰:'绮席存眠觉,纱窗晓望迷。朦胧残梦里,犹自在辽西。'张仲素更曰:'袅袅城边柳,青青陌上桑。提笼忘采叶,昨夜梦渔阳。'或反语以见奇,或寻蹊而别悟。"

宋·佚名《桃花山鸟图》

107　八声甘州

[宋] 柳　永

柳永是花间词的代表词人,也是慢词的奠基人,以柔婉浓丽的词风著称于世,而这首《八声甘州》却一反常调,于哀飒中透出清劲之气,于萧瑟中翻出沈雄之风。苏东坡认为,"霜风凄紧"一句不减"唐人高处",清代刘体红则将此句比作奇丽而苍茫的《敕勒歌》。

对潇潇①暮雨洒江天,一番洗清秋。渐霜风凄紧,关河冷落,残照当楼。是处红衰翠减,苒苒②物华休。唯有长江水,无语东流。

不忍登高临远,望故乡渺邈③,归思难收。叹年来踪迹,何事苦淹留?想佳人妆楼颙望④,误几回、天际识归舟。争知我,倚阑杆处,正恁凝愁!

注　释

① 潇潇:风雨之声。
② 苒苒:草木渐渐生长的样子。
③ 渺邈(miǎo):遥远。
④ 颙(yóng)望:抬头远望。

拓　展

柳永(约 984—约 1053),崇安(今福建省武夷山市)人,原名三变,后改名永,字耆卿,排行第七,又称柳七。北宋著名词人,花间派代表人物,其词多描绘城市风光和歌妓生活,尤长于抒写羁旅行役之情,创作慢词独多,对宋词的发展有重大影响。

108　苏幕遮①

［宋］范仲淹

　　秋思与相思，往往与词客的羁旅相连，萧索之境牵惹愁苦之情，而范仲淹《苏幕遮》在壮丽中又带有柔情，感情真挚又不沦为颓废，诗人的心胸和眼界尽显其中。彭孙遹在《金粟词话》中评价道："范希文《苏幕遮》一调，前段多入丽语，后段纯写柔情，遂成绝唱。"

　　碧云天，黄叶地，秋色连波，波上寒烟翠。山映斜阳天接水，芳草无情，更在斜阳外。

　　黯乡魂②，追旅思③，夜夜除非④，好梦留人睡。明月楼高休独倚，酒入愁肠，化作相思泪。

注释

　　① 苏幕遮：原唐教坊曲名，来自西域，后用作词牌名。
　　② 黯乡魂：因思念家乡而黯然伤神。黯，形容心情忧郁。
　　③ 追旅思：撇不开羁旅的愁思。
　　④ 除非：此处指并非前面所提的思绪。

拓展

　　清·黄宗羲《破邪论·从祀篇》："上下千古，如汉之诸葛亮，唐之陆贽，宋之韩琦、范仲淹、李纲、文天祥，明之方孝孺，此七公者，至公血诚，任天下之重，矻然砥柱于疾风狂涛之中，世界以之为轻重有无，此能行孔子之道者也。"

明·唐寅《山水人物册》

109 天仙子

[宋] 张 先

王国维《人间词话》指出："'红杏枝头春意闹'，着一'闹'字而境界全出；'云破月来花弄影'，着一'弄'字而境界全出矣。"陈师道《后山诗话》及胡仔《苕溪渔隐丛话》所引各家评论，都认为张先词作中以三句带有"影"字的佳句为世所称，人们称为"张三影"。

时为嘉禾小倅，以病眠，不赴府会。

水调数声持酒听，午醉醒来愁未醒。送春春去几时回？临晚镜，伤流景①，往事后期②空记省③。

沙上并禽池上暝④，云破月来花弄影。重重帘幕密遮灯，风不定，人初静，明日落红应满径。

注释

① 流景：像水一样的年华，逝去的光阴。
② 后期：以后的约会。
③ 记省（xǐng）：记志省识。省，省悟。
④ 暝：黄昏。

拓展

张先（990—1078），字子野，乌程（今属浙江省湖州市）人，北宋时期著名词人。曾任安陆县的知县，因此人称"张安陆"。张先"能诗及乐府，至老不衰"，其词大多反映士大夫的诗酒生活和男女之情，语言工巧，意韵恬淡。

清·袁耀《扬州四景·春台明月》

110　蝶恋花

[宋]晏　殊

"昨夜西风凋碧树,独上高楼,望尽天涯路",王国维在《人间词话》中以这句词作为"古今之成大事业大学问者",必须经过的三种境界中的第一境,可见其境界之高远;又认为这句词像《诗经·蒹葭》一样"最得风人深致",可见其情致之深切。

槛①菊愁烟兰泣露,罗幕轻寒,燕子双飞去。明月不谙②离恨苦,斜光到晓穿朱户。

昨夜西风凋③碧树,独上高楼,望尽天涯路。欲寄彩笺④兼尺素,山长水阔知何处?

注　释

① 槛(jiàn):古建筑常于轩斋四面房基之上围以木栏,上承屋角,下临阶砌,谓之槛。

② 不谙(ān):不了解,没有经验。

③ 凋:凋零。

④ 彩笺:彩色的信笺。

拓　展

晏殊(991—1055),字同叔,抚州临川文港沙河(今属江西省进贤县)人。自幼聪慧,14 岁以神童入试,赐同进士出身,历任知制诰、翰林学士,最终官拜集贤殿大学士、同平章事兼枢密使,成为宰相。逝后获赠司空兼侍中,谥号"元献"。晏殊与其第七子晏几道,在北宋词坛上被称为"大晏"和"小晏",又与欧阳修并称"晏欧",有《珠玉词》等传世。

111　桂枝香·金陵怀古

[宋] 王安石

　　船帆飘动，酒旗迎风，云掩彩舟，白鹭腾空。这图画让人陶醉，细细品读感悟嗟叹之意，千古弥永。

　　登临送目，正故国晚秋，天气初肃。千里澄江似练①，翠峰如簇。归帆去棹②残阳里，背西风，酒旗斜矗。彩舟云淡，星河鹭起，画图难足。

　　念往昔，繁华竞逐，叹门外楼头，悲恨相续。千古凭高对此，谩嗟荣辱③。六朝④旧事随流水，但寒烟衰草凝绿。至今商女⑤，时时犹唱，后庭遗曲⑥。

注 释

① 千里澄江似练：形容长江像一匹长长的白绢。

② 棹：往来的船只。

③ 谩（màn）嗟（jiē）荣辱：空叹什么荣耀耻辱。

④ 六朝：指三国吴、东晋、南朝宋、齐、梁、陈六个朝代，它们都建都金陵。

⑤ 商女：歌女。

⑥ 后庭遗曲：指歌曲《玉树后庭花》，传为陈后主所作。

拓 展

　　宋·杨湜《古今词话》："金陵怀古，诸公寄词于《桂枝香》凡十三余首，独介甫最为绝唱。东坡见之，不觉叹息曰：'此老乃野狐精也。'"

　　梁启超《饮冰室评词》："李易安谓介甫文章似西汉，然以作歌词，则人必绝到。但此却颉颃清真、稼轩，未可谩诋也。"

112　念奴娇·赤壁怀古

［宋］苏 轼

　　苏轼、辛弃疾同为豪放派代表人物。王国维在《人间词话》中说："稼轩之词豪，东坡之词旷。""旷"就是胸襟旷达之意，这首《念奴娇·赤壁怀古》就鲜明地体现出这种"旷"的风格，词人以周郎自况，江山人物，一曲道尽，虽老境颓唐，壮心消磨，但语语高妙闲冷。

　　大江东去，浪淘尽，千古风流人物。故垒①西边，人道是，三国周郎赤壁。乱石穿空②，惊涛拍岸，卷起千堆雪。江山如画，一时多少豪杰。

　　遥想公瑾③当年，小乔初嫁了，雄姿英发。羽扇纶巾④，谈笑间，樯橹⑤灰飞烟灭。故国神游，多情应笑我，早生华发⑥。人生如梦，一尊还酹⑦江月。

注 释

① 故垒：旧营垒。
② 乱石穿空：乱石林立，像要刺破天空。
③ 公瑾：周瑜，字公瑾。
④ 羽扇纶（guān）巾：古代儒将的便装打扮。
⑤ 樯（qiáng）橹（lǔ）：这里代指曹操的水军战船。
⑥ 华发：未老先衰的斑白鬓发。
⑦ 酹（lèi）：把酒浇在地上，表示祭奠。

拓 展

　　宋·俞文豹《吹剑续录》："东坡在玉堂，有幕士善讴。因问：'我词比柳七何如？'对曰：'柳郎中词，只好合十七八女孩儿，执红牙板，歌"杨柳岸晓风残月"。学士词，须关西大汉，执铁板，唱"大江东去"。'公为之绝倒。"

明·仇英《赤壁图》

113 水调歌头

［宋］苏 轼

在诗人苏轼的笔下，月色是充满情致的，常常与人世的悲欢离合相联。词中月作为愁绪的意象，构思巧妙，笔法空灵，意趣含蕴，获得了不朽的艺术生命。

丙辰中秋，欢饮达旦，大醉，作此篇，兼怀子由。

明月几时有？把酒①问青天。不知天上宫阙②，今夕是何年。我欲乘风归去，又恐琼楼玉宇③，高处不胜④寒。起舞弄清影⑤，何似在人间。

转朱阁⑥，低绮户，照无眠。不应有恨，何事长向别时圆？人有悲欢离合，月有阴晴圆缺，此事古难全。但愿人长久，千里共婵娟⑦。

注 释

① 把酒：端起酒杯。把，执，持。

② 天上宫阙（què）：指月中宫殿。阙，古代城墙后的石台。

③ 琼（qióng）楼玉宇：美玉砌成的楼宇，指想象中的仙宫。

④ 不胜（shèng，旧时读 shēng）：经受不住。

⑤ 弄清影：意思是月光下的身影也跟着做出各种舞姿。弄，赏玩。

⑥ 朱阁：朱红色的楼阁。

⑦ 婵（chán）娟（juān）：指月亮。

拓 展

宋·蔡绦《铁围山丛谈》卷三："歌者袁绹，乃天宝之李龟年也。宣和间，供奉九重。尝为吾言：'东坡公昔与客游金山，适中秋夕，天宇四垂，一碧无际，加江流沔涌，俄月色如画，遂共登金山山顶之妙高峰，命绹歌其水调歌头曰："明月何时有？把酒问青天。"歌罢，坡为起舞而顾问曰："此便是神仙矣！"吾谓："文章人物，诚千载一时，后世安所得乎？"'"

宋·胡寅《酒边集序》："一洗绮罗香泽之态，摆脱绸缪宛转之度，使人登高望远，举首而歌，而逸怀浩气，超然乎尘垢之外。"

宋·胡仔《渔隐丛话后集》卷三十九："中秋词，自东坡《水调歌头》一出，余词俱废。"

114　临江仙

[宋] 晏几道

落花，斯人，微雨，燕子。去年，恍若眼前。初见，清晰如昨。生命中总有这样一个人，成为时光留给我们的礼物。经过悲欢离散后，看过世态炎凉，只有那片回忆，永不褪色。

梦后楼台高锁，酒醒帘幕低垂。去年春恨却来①时。落花人独立，微雨燕双飞。

记得小蘋②初见，两重心字③罗衣④。琵琶弦上说相思。当时明月在，曾照彩云⑤归。

注　释

① 却来：又来，再来。

② 小蘋（pín）：歌女名。

③ 两重心字：织绣着重叠的心字图案，寓意心心相印。

④ 罗衣：锦绣编制的衣服。

⑤ 彩云：比喻美人。

拓　展

晏几道（1038—1110），字叔原，号小山，抚州临川文港沙河（今属江西省进贤县）人。北宋著名词人，与其父晏殊合称"二晏"。其词风似父而造诣过之，工于言情，小令语言清丽，感情深挚，尤负盛名，是婉约派的重要作家。

115 约客①

[宋] 赵师秀

又到了梅子成熟的时节，细雨连绵不断。在宋代诗人赵师秀的笔下，江南的梅雨跨越了千年，荡漾出了别样的情绪。

黄梅时节②家家雨，青草池塘处处蛙。

有约不来过夜半，闲敲棋子落灯花③。

注释

① 约客：邀请客人来相会。

② 黄梅时节：农历五月，江南梅子熟时，大都阴雨绵绵的，因此称为"黄梅时节"。

③ 落灯花：旧时以油灯照明，灯芯烧残，落下来时好像一朵闪亮的小花。

拓展

赵师秀（1170—1219），字紫芝，号灵秀，亦称灵芝，又号天乐，永嘉（今属浙江省）人。光宗绍熙元年（1190）进士，与徐照（字灵晖）、徐玑（字灵渊）、翁卷（字灵舒）并称"永嘉四灵"，人称"鬼才"，开创了"江湖派"一代诗风。

清·任熊《十万图册》

集　部

116　十一月四日风雨大作（其二）

[宋] 陆　游

这首诗以"痴情化梦"的手法，深沉地表达了作者收复国土、报效祖国的壮志和那种"年既老而不衰"的矢志不渝的精神，展示了诗人的一片赤胆忠心。

僵卧①孤村②不自哀③，尚思为国戍轮台④。
夜阑⑤卧听风吹雨，铁马冰河入梦来。

注释

① 僵卧：躺卧不起。这里形容自己穷居孤村，无所作为。
② 孤村：孤寂荒凉的村庄。
③ 不自哀：不为自己哀伤。
④ 戍（shù）轮台：在新疆一带防守，这里指戍守边疆。
⑤ 夜阑（lán）：夜残，夜将尽时。

拓展

十一月四日风雨大作（其一）

[宋] 陆　游

风卷江湖雨暗村，四山声作海涛翻。
溪柴火软蛮毡暖，我与狸奴不出门。

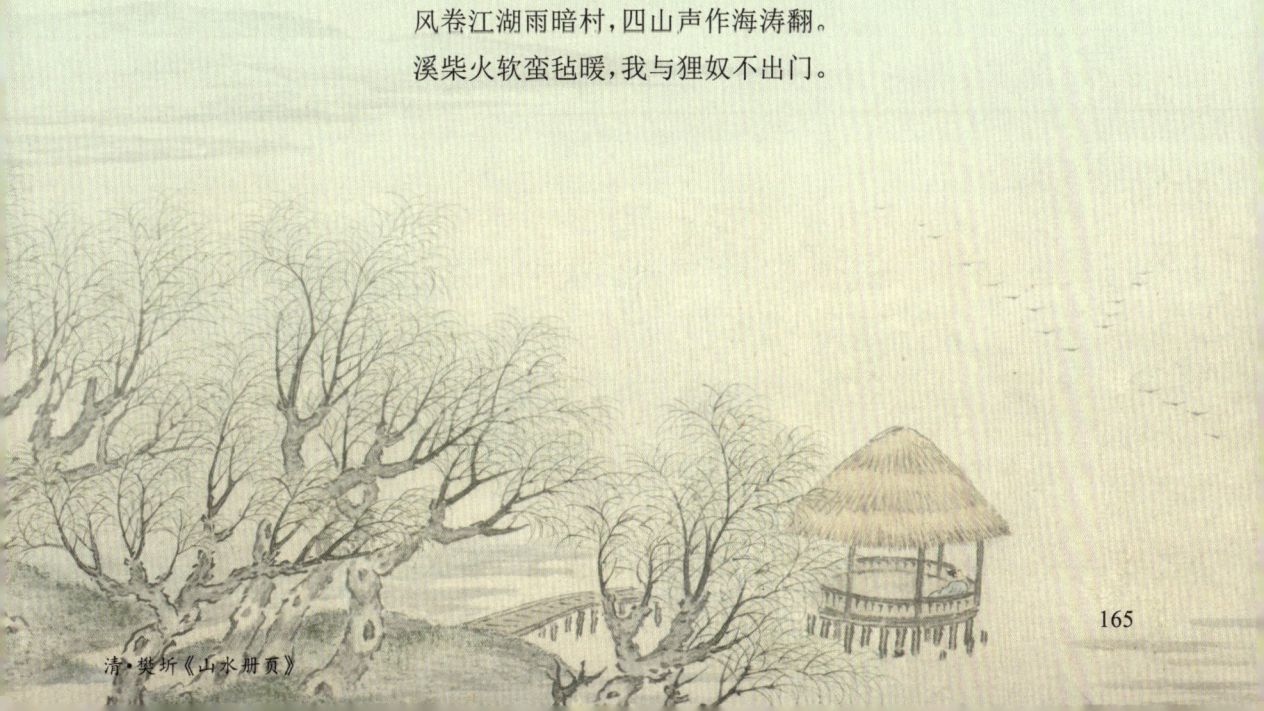

清·樊圻《山水册页》

117 州桥

［宋］范成大

千百年来，中原父老那颤颤巍巍的身影，如在眼前；那哽哽咽咽的声调，犹在耳旁。而那早也盼、晚也盼，朝朝暮暮州桥畔伫立凝眸、企首悬望的场景，一次又一次让我们湿了眼眶。

州桥南北是天街①，父老年年等驾回。
忍泪失声询②使者③，几时真有六军④来？

注 释

① 天街：京城的街道叫天街，这里说州桥南北街，是指当年北宋皇帝车驾行经的御道。
② 询：探问，打听。
③ 使者：南宋朝廷派出金朝的使臣。
④ 六军：此处借指王师，即南宋的军队。

拓 展

范成大（1126—1193），字至能，号称石湖居士，平江吴县（今属江苏省苏州市）人，谥文穆。其诗从江西派入手，后学习中、晚唐诗，继承了白居易、张籍等诗人新乐府的现实主义精神，终成一家。风格平易浅显、清新妩媚，有《石湖集》等传世。

四时田园杂兴（其四十四）
［宋］范成大

新筑场泥镜面平，家家打稻趁霜晴。
笑歌声里轻雷动，一夜连枷响到明。

118　闲居初夏午睡起

［宋］杨万里

初夏时节，万花盛开，暗香四溢；树影斑驳，叶影无痕；蜂蝶飞舞，鸟虫争鸣；麦波荡漾，青果初成。初夏的午后有多美，读完杨万里的这首初夏诗，就能深切地感受到了。

梅子留酸软齿牙，芭蕉分绿①与窗纱。
日长睡起无情思②，闲看儿童捉柳花③。

注 释

① 芭蕉分绿：芭蕉的绿色映照在纱窗上。
② 无情思：没有情绪，指无所适从，不知做什么好。
③ 捉柳花：捉空中飞舞的柳絮。

拓 展

杨万里（1127—1206），字廷秀，号诚斋，吉州吉水（今属江西省）人，南宋著名诗人，与陆游、尤袤、范成大并称为"中兴四大诗人"。他创造了清新自然、富有生活情趣的"诚斋体"。杨万里的诗歌大多描写自然景物，也有不少反映民间疾苦、抒发爱国感情的作品，著有《诚斋集》等。

明·汪中《得趣在人册》

119 过零丁洋

［宋］文天祥

中华民族之所以能够生生不息，与其艰苦卓绝的奋斗历程有关，与其不怕牺牲的大无畏精神有关。每当到了生死存亡之际，都会涌现出许许多多可歌可泣的英雄。历史上一代又一代的爱国诗人，用生命谱写成诗歌，那力量穿越时空，激励我们迎难而上，勇往直前。

辛苦遭逢起一经①，干戈②寥落四周星。

山河破碎风飘絮③，身世浮沉雨打萍。

惶恐滩④头说惶恐，零丁洋里叹零丁⑤。

人生自古谁无死？留取丹心⑥照汗青⑦。

注 释

① 起一经：因为精通一种经书，通过科举考试而被朝廷起用做官。

② 干戈：指抗元战争。

③ 风飘絮：比喻国势如同风中飘絮一般危急。

④ 惶恐滩：在今江西省万安县，是赣江中的险滩。宋端宗景炎二年（1277），文天祥在江西被元军打败，所率军队死伤惨重，妻子儿女被元军俘虏；他经惶恐滩撤到福建。

⑤ 零丁：孤苦无依的样子。

⑥ 丹心：红心，比喻忠心。

⑦ 汗青：同汗竹，史册。古代用简写字，先用火烤干其中的水分，干后易写而且不受虫蛀，称汗青。

拓 展

文天祥（1236—1283），字履善，又字宋瑞，自号文山，吉州庐陵（今属江西省吉安县）人。宋理宗宝祐四年（1256）进士，官至右丞相兼枢密使。他在祥兴元年（1278）兵败被张弘范俘虏，在狱中坚持斗争三年多，后在柴市从容就义。著有《过零丁洋》《正气歌》等作品。

120 西厢记诸宫调（节选）

〔元〕董解元

"晓来谁染霜林醉，总是离人泪。"暮秋时节，相爱的两人被迫分离，骤雨初歇，晚风吹寒，衰柳鸣蝉，声声凄切，怎不令人愁眉深锁，泪湿襟袖！

后数日，生行，夫人及莺莺送于道，法聪与焉。经于蒲西十里小亭置酒①。悲欢离合一尊酒，南北东西十里程。

【大石调】〔玉翼蝉〕蟾宫客，赴帝阙，相送临郊野。恰俺与莺莺，鸳帏暂相守，被功名使人离缺。好缘业！空悒怏②，频嗟叹，不忍轻离别。早是恁凄凄凉凉，受烦恼，那堪值暮秋时节！雨儿乍歇，向晚风如漂冽，那闻得衰柳蝉鸣凄切！未知今日别后，何时重见也。衫袖上盈盈，揾③泪不绝。幽恨眉峰暗结，好难割舍。纵有千种风情，何处说？

【尾】莫道男儿心如铁，君不见满川红叶，尽是离人眼中血。

注 释

① 置酒：摆下酒宴。
② 悒（yì）怏（yàng）：忧郁不快。
③ 揾（wèn）：用手指按。

拓 展

董解元，元代戏曲家。"解元"两字疑为当时读书人之通称。他根据唐代元稹的《莺莺传》创作长篇讲唱文学《西厢记诸宫调》，世称《董西厢》。

121　感天动地窦娥冤

〔元〕关汉卿

　　一出戏展示了这样的悲惨现实：下层人民任人宰割，有苦无处诉，官员贪赃枉法、草菅人命。满腔悲愤的窦娥许下三桩誓愿：血溅白练，六月飞雪，大旱三年。响彻天地的誓愿有谁能听见？言言曲尽人情，字字当行本色。

　　【正宫】【端正好】没来由犯王法，不提防遭刑宪①，叫声屈动地惊天，顷刻间游魂先赴森罗殿②，怎不将天地也生埋怨。

　　【滚绣球】有日月朝暮悬，有鬼神掌著生死权，天地也，只合把清浊分辨，可怎生糊突了盗跖、颜渊③？为善的受贫穷更命短，造恶的享富贵又寿延。天地也，做得个怕硬欺软，却原来也这般顺水推船。地也，你不分好歹何为地？天也，你错勘④贤愚枉做天！哎，只落得两泪涟涟。

注　释

　　① 刑宪：刑法，刑罚。
　　② 森罗殿：迷信传说中指阎罗居住的宫殿。
　　③ 盗跖、颜渊：古代的强盗和贤人。
　　④ 错勘：错误地判断。勘，核对，推究。

拓　展

　　关汉卿（约1234—约1300），号已斋叟，元代杂剧奠基人。其戏曲作品大多反映黑暗的社会现实，表现人民的苦难和反抗精神，以杂剧的成就最大，最著名的是《感天动地窦娥冤》。关汉卿塑造的"我是个蒸不烂、煮不熟、捶不匾、炒不爆、响珰珰一粒铜豌豆"的形象也广为人称道，被誉为"曲圣"。

清·石涛　王原祁《兰竹合作图》

122　西厢记（节选）

［元］王实甫

伤春与悲秋，可以说是古典诗词中最为常见的两种愁绪，春去见落花而惆怅，秋来见落叶而哀伤，春去常有韶华易逝的感慨，秋来则起他乡淹留的喟叹。伤春诗词俯拾即是，元曲《西厢记》中有脍炙人口的唱段，历来为人称道。古典小说《红楼梦》中更是以伤春词曲来塑造黛玉柔弱敏感的形象，这些经典值得我们用心品读。

【幺篇】可正是人值残春①蒲郡东，门掩重关萧寺中，花落水流红，闲愁②万种，无语怨东风。

注释

① 残春：指春天将尽的时节。
② 闲愁：无端无谓的忧愁。

拓展

王实甫（1260—1336），名德信，大都（今北京市）人。剧作大多描写男女爱情，塑造了崔莺莺、红娘、刘月娥等典型的妇女形象。《西厢记》曲辞优美，被誉为"天下夺魁"之作，讲述了崔莺莺和张生冲破重重阻挠、终成眷属的故事。

123　山坡羊·潼关怀古

[元] 张养浩

生活在如今的幸福年代，百姓为国之根本，国家"以人民为中心"。可在那个战火纷飞的年代，百姓流离失所，饿殍满地。层峦叠翠的潼关成为兵家必争之地，滔滔的黄河水声可曾见证盛极一时的秦汉王朝？吊古伤今的悲愤之情油然而生。或成或败，或兴或亡，受苦受难的都是百姓。

峰峦如聚，波涛如怒，山河表里潼关路。望西都，意踌躇①。
伤心秦汉经行处，宫阙②万间都做了土。兴③，百姓苦；亡④，百姓苦。

注　释

① 踌躇：犹豫、徘徊不定，心事重重，此处形容思潮起伏，感慨万端，陷入沉思，表示心里不平静。一作"踟蹰（chí chú）"。

② 宫阙：宫，宫殿。阙：皇宫门前面两边的楼观。

③ 兴：指政权的统治稳固。

④ 亡：指朝代的灭亡。兴、亡，指朝代的盛衰更替。

拓　展

张养浩（1270—1329），字希孟，号云庄，济南人。元明宗天历二年（1329），因关中旱灾，出任陕西行台中丞，致力于治旱救灾。他在尽心尽力救灾中，亲睹人民的深重灾难，散尽家财，救助灾民，终因过分操劳而殉职。张养浩在"关中大旱，饥民相食"之际写下了这首《山坡羊》。

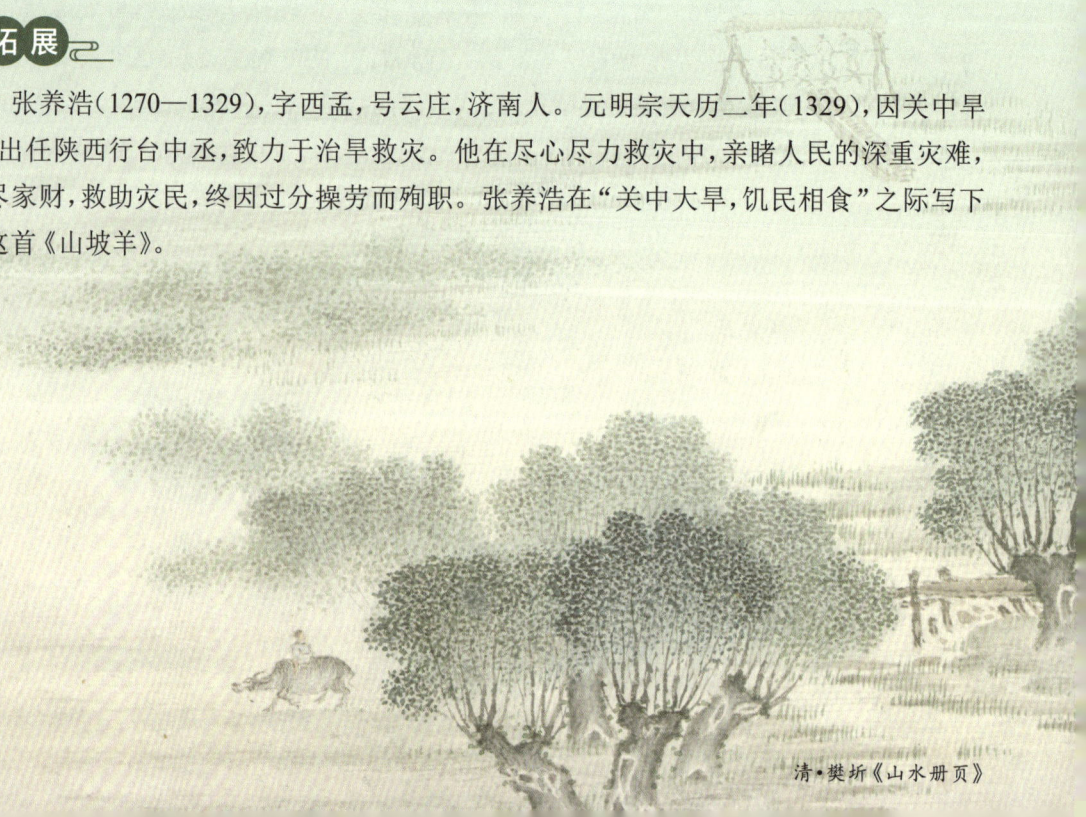

清·樊圻《山水册页》

124 临江仙^①

［明］杨 慎

　　中了状元的杨慎,肩锁双枷的杨慎,临长江而见渔樵浊酒相饮的杨慎……品味杨慎,仿佛看到那奔腾而去的滚滚长江之水,仿佛听到一声历史的叹息。

　　滚滚长江东逝水^②,浪花淘尽^③英雄。是非成败^④转头空。青山^⑤依旧在,几度^⑥夕阳红。

　　白发渔樵^⑦江渚^⑧上,惯看秋月春风^⑨。一壶浊酒^⑩喜相逢。古今^⑪多少事,都付笑谈中^⑫。

注 释

① 临江仙:原唐教坊曲名,后用作词牌名。

② 东逝水:是指江水向东流,逝水而去,这里将时光比喻为江水。

③ 淘尽:荡涤一空。

④ 成败:成功与失败。

⑤ 青山:青葱的山岭。

⑥ 几度:虚指,几次、好几次之意。

⑦ 渔樵:此处并非指渔翁、樵夫,指隐居。

⑧ 渚(zhǔ):江岸边。

⑨ 秋月春风:指良辰美景,也指美好的岁月。

⑩ 浊(zhuó)酒:用糯米、黄米等酿制的酒,较混浊。浊,不清澈,不干净。

⑪ 古今:古代和现今。

⑫ 都付笑谈中:在一些古典文学及音乐作品中,也有作"尽付笑谈中"。

拓 展

　　杨慎(1488—1559),字用修,号升庵,四川新都人,东阁大学士杨廷和之子。明正德六年(1511)状元及第,授官翰林院修撰,参与编修《武宗实录》。嘉靖三年(1524)卷入"大礼议"事件,触怒世宗,被杖责罢官,谪戍云南永昌卫。明穆宗时追赠光禄寺少卿,明熹宗时追谥"文宪"。杨慎博览群书,著作400余种,涉及经史方志、天文地理、金石书画、民俗民族等,后人辑为《升庵集》。

125 诉衷情①·春游

[清] 陈子龙

陈子龙作为一名清初的反清斗士，一位革命者，笔下流淌出如此灵动的景、那么娇嗔的人——初春时节，灿灿桃花，融融芳草，徐徐暖风，依依垂柳，半面红妆恼，着实小清新。

小桃枝下试罗裳②，蝶粉③斗④遗香⑤。玉轮⑥碾平芳草，半面恼红妆⑦。风乍⑧暖，日初长，袅⑨垂杨。一双舞燕，万点飞花，满地斜阳。

注 释

① 诉衷情：词牌名，原为唐教坊曲名，双调四十四字，上下片各三平韵。

② 罗裳：织锦的裤裙。裳，下身的衣服，裙装。

③ 蝶粉：指桃花初放，蕊粉未褪。

④ 斗：比试。

⑤ 遗香：指罗裳和少女身体散发出的清香。

⑥ 玉轮：华贵的游车。

⑦ 半面恼红妆：指因花瓣凋零而心生懊憾。半面，指凋残。红妆，指花瓣。

⑧ 乍：开始。

⑨ 袅（niǎo）：细柔摇曳的形态。

拓 展

陈子龙（1608—1647），字卧子，晚年自号大樽，南直隶松江华亭（今属上海市松江区）人，明朝末年学者。清人王士祯云："大樽诸词，神韵天然，风味不尽，如瑶台仙子独立却扇时。"陈子龙早年的词作就以清新的格调使晚明词坛顿放异彩，《春游》便是陈子龙早期的代表作之一。

清·樊圻《山水册页》

126　塞下曲①

［明］顾炎武

塞外，积雪消融，山雀欢唱。江南，杂花生树，群莺乱飞。明媚的春光牵动着思妇的情思，戍边的丈夫何时才能归来？恰如思妇怀念戍边的丈夫一样，身为爱国志士的诗人无时无刻不忘恢复故国，因此汪瑞在《明三十家诗选》中评顾诗"黍离麦秀之悲，渊深朴茂"。

赵信城②边雪化尘，纥干山③下雀呼春。
即今三月莺花满，长作江南梦里人。

注释

① 塞下曲：是古乐府旧题，多反映边塞征战之事。
② 赵信城：古代匈奴境内的城。
③ 纥（hé）干山：今称纥真山，在山西省大同市东。

拓展

顾炎武（1613—1682），明朝南直隶苏州府昆山（今江苏省昆山市）千灯镇人，本名绛，后改名炎武，因故居旁有亭林湖，被学者尊为亭林先生。明末清初杰出的思想家，与黄宗羲、王夫之并称为明末清初"三大儒"。

明·沈周《东庄图册》

127 秋柳四首（其一）

〔清〕王士禛

春日里，柳枝在春风中婀娜起舞，燕儿穿梭其中。秋日里，柳叶微黄，在萧瑟的西风中摇曳飘荡。韶华易逝，美景难留，就不要驻足愁怨，徒增烦恼了！

秋来何处最销魂？残照西风白下门①。
他日差池②春燕影，只今憔悴晚烟痕。
愁生陌上黄骢曲③，梦远江南乌夜村。
莫听临风三弄笛④，玉关哀怨总难论。

注 释

① 白下门：指六朝古都南京。
② 差池：参差不齐。
③ 黄骢曲：黄骢是唐太宗的爱马，此马死后，太宗命乐人作黄骢叠曲，以示悲悼。
④ 三弄笛：咏吹笛名。

拓 展

王士禛（1634—1711），又名王士祯，字子真，一字贻上，号阮亭，又号渔洋山人，世称王渔洋，山东新城（今山东省桓台县）人，清初诗人。王士禛在实践"神韵说"，取得卓著诗文成果的同时，还能突破正统文坛和文人偏见，重视和高度评价小说、戏曲、民歌等通俗文学。

清·王翚 王时敏《仿古山水》

128 潍县署①中画竹呈年伯②包大中丞括③

[清] 郑 燮

在其位,则谋其政。即使位卑名微,对百姓疾苦也应感同身受,即使是百姓生活中细枝末节的小事,也牵动着自己的心。

衙斋④卧听萧萧⑤竹,疑是民间疾苦声。

些小⑥吾曹⑦州县吏,一枝一叶⑧总关情。

注释

① 署:衙门。

② 年伯:指同榜考取人的父辈。

③ 包大中丞括:包括,字银河,清乾隆年间(1736—1795)曾任山东布政使,署理巡抚,故称"中丞"。

④ 衙斋:官衙中供官员居住和休息之所。

⑤ 萧萧:拟声词,形容草木摇动的声音。

⑥ 些小:很小,这里指官职卑微。

⑦ 吾曹:我们。

⑧ 一枝一叶:用竹子枝叶来比喻百姓们的各种小事。

拓展

郑燮(1693—1766),字克柔,号板桥,人称板桥先生,江苏兴化人。清乾隆元年(1736)进士,官至山东范县、潍县县令,政绩显著,后客居扬州,以卖画为生,为"扬州八怪"之一。其诗、书、画,世称"三绝",是清代有代表性的文人画家。

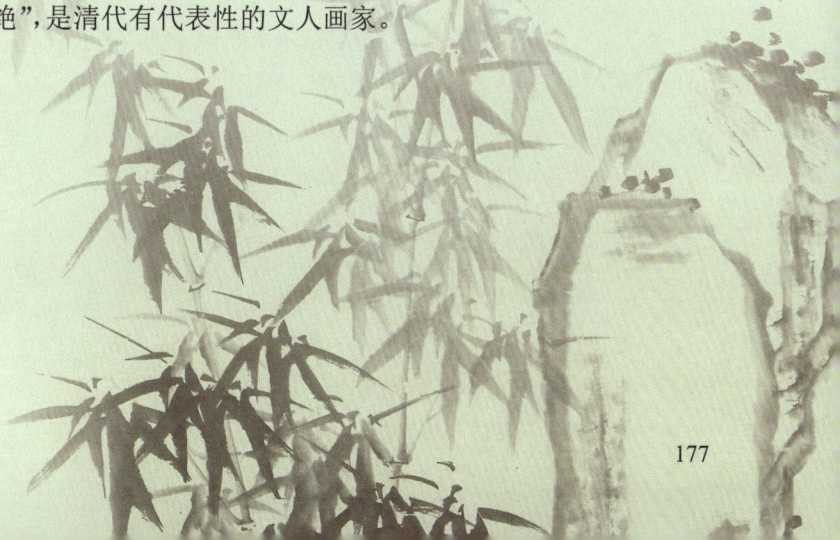

清·郑板桥《竹石图轴》

129　马嵬①

[清] 袁　枚

多少人在为唐玄宗和杨贵妃的悲欢离合吟唱叹息，却忘了有多少像石壕村翁媪一样的寻常夫妻生活在水深火热之中，更忘记了石壕村之泪正是因为长生殿之人的昏聩而流！清代吴应和在《浙西六家诗钞》中评论此诗："沉痛，足以动人，咏古诸作并传无疑。"

莫唱当年《长恨歌》②，人间亦自有银河。

石壕村③里夫妻别，泪比长生殿④上多。

注 释

① 马嵬(wéi)：马嵬坡，在陕西省兴平市西。"安史之乱"时，唐玄宗逃至此地，在随军将士的胁迫下，勒死杨贵妃。

②《长恨歌》：唐代诗人白居易所作之诗，写的是唐玄宗和杨贵妃的爱情悲剧。

③ 石壕村：唐代诗人杜甫《石壕吏》诗，描写了在"安史之乱"中，官吏征兵征役，造成石壕村中一对老年夫妻惨别的情形。

④ 长生殿：旧址在陕西市临潼区骊山华清宫内。

拓 展

苔

[清] 袁　枚

白日不到处，青春恰自来。

苔花如米小，也学牡丹开。

130 论诗五首（其二）

［清］赵 翼

　　李杜诗篇震古烁今，但前无古人，不代表着后无来者，每个时代都有每个时代的领军人物，只有不断创新，继往开来，才能成为一个时代中标领风骚的才人。

李杜①诗篇万口传，至今已觉不新鲜。
江山②代③有才人④出，各领风骚⑤数百年。

注 释

　　① 李杜：指唐代大诗人李白、杜甫。

　　② 江山：代指国家。

　　③ 代：时代。

　　④ 才人：有才华的人。

　　⑤ 风骚：指《诗经》中的《国风》和屈原的《离骚》。后来把关于诗文写作的诗叫作"风骚"。这里指在文学上有成就的"才人"的崇高地位和深远影响。

拓 展

　　中国古代诗坛上创新和复古的两军交战自宋后就从未间断。明代"前后七子"以摹拟相尚，一时蔚为风气。但既有人复古，亦必有人反对。清代，在诗歌创作上，也有尊唐和尊宋两派，叶燮《原诗》对他们进行了批判。但是由于复古倒退的倾向历来受到封建统治者的支持，因而这种斗争彼此消长、层出不穷。袁枚和他的挚友赵翼就是继"公安派"和叶燮之后奋起抨击复古主义的代表人物。

清·恽寿平《仿古山水》

131　癸巳除夕偶成（其一）

［清］黄景仁

　　有些人之所以能成为时代的先锋，是因为他们能居安思危，看到平静下的暗潮涌动。除夕千家万户守岁迎春，欢歌笑语。然而，在江南小镇的一座小桥上，却伫立着一抹孤单的身影，久久不肯离去。他凝视着天上的星星，陷入了沉思，似乎已超然于物外。他在想些什么呢？

　　千家笑语漏①迟迟②，忧患潜③从物外知④。

　　悄立市桥⑤人不识，一星如月看多时。

注　释

① 漏（lòu）：漏壶，古代的计时仪器。

② 迟迟：指时间过得很慢。

③ 潜：暗中，悄悄地。

④ 物外知：从时间流逝、外物变迁中感觉出来。

⑤ 市桥：指诗人家乡市镇中的桥。

拓　展

　　黄景仁（1749—1783），字汉镛，一字仲则，号鹿菲子，常州府武进县（今江苏省常州市武进区）人，宋朝诗人黄庭坚后裔。黄景仁家境清贫，少年时即有诗名，早年为求生计四方奔波，一生穷困潦倒。清乾隆四十六年（1781）被任命为县丞，两年后即病逝。黄景仁诗负盛名，和王昙并称"二仲"，和洪亮吉并称"二俊"。黄景仁一生充满悲哀和困顿，所作多抒发穷愁不遇、寂寞凄怆之情怀，著有《两当轩集》《西蠡印稿》。

132 己亥杂诗（其五）

[清]龚自珍

暮春时节，落红委地，无法重回枝头，只有堆砌在花树下零落成泥，这样残败的场景，谁看了，不是离愁浩荡呢？然而我们的诗人，可是一位"怨去吹箫，狂来说剑"的杰出人物，他想到的却是这些红粉香泥终将孕育出一个繁花似锦、绚丽灿烂的春天！这哪里是落花的葬词？这分明是一首为新生命的赞歌！

浩荡①离愁白日斜，吟鞭②东指③即④天涯⑤。
落红⑥不是无情物，化作春泥更护花。

注 释

① 浩荡：无限。
② 吟鞭：诗人的马鞭。
③ 东指：东方故里。
④ 即：到。
⑤ 天涯：离京都很远的地方。
⑥ 落红：落花。

拓 展

龚自珍（1792—1841），字璱人，号定盦（一作定庵），浙江仁和（今属浙江省杭州市）人。清代思想家、诗人。龚自珍主张革除弊政，抵制外国侵略，曾全力支持林则徐禁除鸦片。他的诗文主张"更法""改图"，洋溢着爱国热情，被柳亚子誉为"三百年来第一流"。

清·恽寿平《山水花卉》

133 本事诗·春雨

苏曼殊

　　身处异国他乡，在漫天绚丽的樱花飘洒中，一位脚着"芒鞋"，手托"破钵"，颓唐、迷茫的孤僧踯躅前行，犹如断鸿飘零，不知归往何处。

　　春雨楼头尺八①箫，何时归看浙江潮？
　　芒鞋②破钵③无人识，踏过樱花第几桥？

注释

① 尺八：中国传统乐器，唐宋时期传入日本。
② 芒鞋：用植物的叶或杆编织的草鞋。
③ 钵：钵多罗的简称，和尚盛饭的器具。

拓展

　　苏曼殊（1884—1918），中国近代史上一大奇才，广东香山（今广东省中山市）人。近代作家、诗人、翻译家，法号曼殊。曾三次剃度为僧，又三次还俗。早年在日本留学，归国后投身于革命受挫，因此颓唐自弃，长伴青灯古佛。其诗风清艳明秀，别具一格，在当时影响甚大。

134 答苏武书（节选）

［汉］李 陵

汉武帝天汉二年（前 99），李陵出击匈奴，终因兵力悬殊，寡不敌众，被迫投降。汉武帝始元六年（前 81），苏武替汉帝召李陵归汉，此文就是李陵收到苏武信后写的一封回信。其中对战场惨烈的渲染，对士兵浴血而战的描绘，具有高度的真实性和强烈的感染力。

昔先帝授陵步卒五千，出征绝域①。五将②失道，陵独遇战，而裹万里之粮，帅徒步之师；出天汉之外，入强胡之域；以五千之众，对十万之军；策疲乏之兵，当新羁③之马。然犹斩将搴旗④，追奔逐北，灭迹扫尘⑤，斩其枭帅⑥，使三军之士，视死如归。陵也不才，希⑦当大任，意谓此时，功难堪⑧矣。匈奴既败，举国兴师。更练⑨精兵，强逾十万。单于⑩临阵，亲自合围。客主之形，既不相如⑪；步马之势，又甚悬绝⑫。疲兵再战，一以当千，然犹扶⑬乘⑭创痛，决命争首⑮。死伤积野，余不满百，而皆扶病，不任干戈，然陵振臂一呼，创病皆起，举刃指虏，胡马奔走。兵尽矢穷，人无尺铁，犹复徒首⑯奋呼，争为先登。当此时也，天地为陵震怒，战士为陵饮血⑰。单于谓陵不可复得，便欲引还⑱，而贼臣⑲教之，遂使复战，故陵不免耳。

注 释

① 绝域：极远的地域，此处指匈奴居住地区。

② 五将：五员将领，姓名不详。

③ 新羁：马新加络头。

④ 搴旗：夺取敌人的旗帜。

⑤ 灭迹扫尘：比喻肃清残敌。

⑥ 枭（xiāo）帅：骁勇的将帅。

⑦ 希：通"稀"，少。

⑧ 难堪：难以相比。

⑨ 练：同"拣"，挑选。

⑩ 单于：匈奴君长的称号。

⑪ 相如：相比。如，及，比。

⑫ 悬绝：相差极远。

⑬ 扶：支持，支撑。

⑭ 乘：凌驾，此处有不顾的意思。

⑮ 决命争首：效命争先。

⑯ 徒首：光着头，意指不穿防护的甲衣。

⑰ 饮血：指饮泣，形容极度悲愤。《文选》李善注："血即泪也。"

⑱ 引还：退兵返回。引，后退。

⑲ 贼臣：指叛投匈奴的军候管敢。

译文

过去先帝授予我步兵五千，出征远方。五员将领迷失道路，我单独率军与匈奴军作战，携带着供征战万里的粮草，率领着徒步行军的部队；出了国境之外，进入强胡的疆土；以五千士兵，对付十万敌军；指挥疲惫不堪的队伍，抵挡养精蓄锐的马队。但是，依然斩敌将，拔敌旗，追逐败逃之敌。在肃清残敌时，斩杀其骁勇将领，使我全军将士都能视死如归。我没有什么能耐，很少担当重任，内心暗以为，此时的战功，是其他情况下所难以相比的了。匈奴兵败后，全国军事动员，又挑选出十万多精兵。单于亲临阵前，指挥对我军的合围。我军与敌军的形势已不相称，步兵与马队的力量更加悬殊。疲兵再战，一人要敌千人，但仍然带伤忍痛，奋勇争先。阵亡与受伤的士兵遍地都是，身边剩下的不满百人，而且都伤痕累累，无法持稳兵器。但是，我只要振臂一呼，重伤和轻伤的士兵仍然都一跃而起，拿起兵器杀向敌人，迫使敌骑逃奔。兵器耗尽，箭也射完，手无寸铁，还是光着头高呼杀敌，争着冲上前去。在这时刻，天地好像为我震怒，战士感奋地为我饮泣。单于认为不可能再俘获我，便打算引军班师，不料叛臣管敢出卖军情，于是使得单于重新对我作战，而我终于未能免于失败。

拓展

李陵（前134—前74），西汉陇西成纪（今甘肃省秦安县北）人，字少卿，李广之孙。武帝时，为侍中建章监，善骑射，拜骑都尉，教射酒泉、张掖将士，防备匈奴侵扰。汉武帝天汉二年（前99）贰师将军李广利出击匈奴时，自请率步卒5000人出居延（今内蒙古自治区额济纳旗东南），至浚稽山，为单于所率八万余骑包围，虽率军力战，终因粮尽矢绝，救援不继而投降。单于以女妻之，立为右校王，尊贵用事。后武帝听信谣传，以为李陵教匈奴为兵，遂族灭其家。

135　尚德缓刑书（节选）

［汉］路温舒

"开天下之口，广箴谏之路""省法制，宽刑罚"，汉朝名臣路温舒上书皇帝，为天下百姓进言。

泽加百姓，功润诸侯，虽不及三王①，天下归仁焉。文帝永思至德，以承天心，崇仁义，省刑罚，通关②梁③，一④远近，敬贤如大宾，爱民如赤子⑤，内恕⑥情之所安而施之于海内，是以囹圄⑦空虚，天下太平。

注 释

①　三王：指夏禹、商汤、周文王。

②　关：关卡，关口。

③　梁：桥梁。

④　一：意动用法，译为一视同仁。

⑤　赤子：刚出生的孩子。

⑥　恕：宽容，宽厚。

⑦　囹（líng）圄（yǔ）：监狱，牢狱。

译 文

恩德施于百姓，功德惠及诸侯，虽然赶不上三王，但天下都归附他们了。汉文帝始终不忘极尽德政，以承上天的旨意，崇尚仁义，减轻刑罚，开放关卡桥梁，远近一视同仁；敬贤臣如贵宾，爱民如赤子；自己觉得心安的事就推行于四海之内，因此监狱无罪犯，天下太平安宁。

拓 展

路温舒，生卒年不详，字长君，钜鹿（今河北省巨鹿县）人，西汉著名的司法官，信奉儒家学说。他起初学习律令，当过县狱吏、郡决曹史，后来又学习《春秋》经义，曾任守廷尉史、郡太守等职。宣帝即位，他上疏请求改变重刑罚、重用治狱官吏的政策，主张"尚德缓刑""省法制，宽刑罚"。他认为，秦朝灭亡的原因是法密政苛、重用狱吏；汉法秦政，必须改革。他在奏疏中还提出废除诽谤罪，以便广开言路。

136 洛神赋（节选）

[三国魏] 曹 植

据曹植《洛神赋·序》中所言,此赋作于魏文帝黄初三年(222)入朝洛阳之后,在回封地经过洛水时。战国时宋玉与楚襄王游于云梦之浦,为楚王写下《高唐赋》与《神女赋》,塑造了一位"其始来也,耀乎若白日初出照屋梁;其少进也,皎若明月舒其光"的神女。曹植"感宋玉对楚王神女之事"而写下《洛神赋》。此赋以浪漫主义的手法,通过梦幻的境界,描写人神之间的真挚爱情。那么,洛神的相貌又是怎样的呢?

其形也,翩若惊鸿①,婉若游龙②。荣曜秋菊,华茂春松。髣髴③兮若轻云之蔽月,飘飖④兮若流风之回雪。远而望之,皎若太阳升朝霞;迫而察之,灼若芙蕖⑤出渌波⑥。

注 释

① 翩若惊鸿:翩然若惊飞的鸿雁。
② 婉若游龙:婉约若游动的蛟龙。
③ 髣(fǎng)髴(fú):同"仿佛",意思是隐约,依稀。
④ 飘(piāo)飖(yáo):形容举止轻盈,洒脱。
⑤ 芙蕖:荷花。
⑥ 渌(lù)波:清波。

译 文

她的形影,翩然若惊飞的鸿雁,婉约若游动的蛟龙。容光焕发如秋日下的菊花,体态丰茂如春风中的青松。她时隐时现像轻云笼月,浮动飘忽似回风旋雪。远而望之,明洁如朝霞中升起的旭日;近而视之,鲜丽如清波间绽开的新荷。

拓 展

沈约《南齐书·陆厥传》:"以《洛神》比陈思他赋,有似异手之作,故知天机启,则律吕自调,六情滞,则音律顿舛也。"

清·丁晏《曹集诠评》:"又拟宋玉之辞为《洛神赋》,托之宓妃神女,寄心君王,犹屈子之志也。而俗说乃诬为'感甄',岂不谬哉!余尝叹陈王忠孝之性,溢于楮墨,为古今诗人之冠,灵均以后,一人而已。"

137　归去来兮辞（节选）

［晋］陶渊明

　　陶渊明不为五斗米折腰，选择回归田园。其人格历来为人景仰，其诗文也为人效法。苏轼曾写下百余首和陶诗。欧阳修甚至说："晋无文字，惟陶渊明《归去来兮辞》一篇而已。"

　　归去来兮，田园将芜①胡②不归？既③自以心为形役④，奚⑤惆怅⑥而独悲？悟已往之不谏⑦，知来者之可追⑧。实迷途⑨其未远，觉今是而昨非。舟遥遥以轻飏⑩，风飘飘而吹衣。问征夫⑪以前路，恨⑫晨光之熹微⑬。

注 释

①芜：田地荒废。

②胡：同"何"，为什么。

③既：表示动作、行为已经完成，此处可作"曾经"解。

④役：奴役。

⑤奚(xī)：何，为什么。

⑥惆怅：失意的样子。

⑦谏：谏止，劝止。

⑧追：补救。

⑨迷途：指出来做官。

⑩飏(yáng)：飞扬，形容船行驶轻快。

⑪征夫：行人。

⑫恨：遗憾。

⑬熹(xī)微：天色微明。

译 文

　　回家去吧！田园快要荒芜了，为什么不回去呢？既然自己的心灵为形体所役使，为什么如此失意而独自伤悲？认识到过去的错误已经不可挽回，知道未来的事还来得及补救。确实走入了迷途大概还不远，已觉悟到现在的做法是对的而曾经的行为是错的。船在水上轻轻飘荡，微风吹拂着衣裳。向行人打听前面的路，遗憾的是天刚刚放亮。

拓 展

（陶渊明）后为镇军、建威参军，谓亲朋曰："聊欲弦歌以为三径之资，可乎？"执事者闻之，以为彭泽令。不以家累自随，送一力给其子，书曰："汝旦夕之费，自给为难，今遣此力，助汝薪水之劳。此亦人子也，可善遇之。"公田悉令吏种秫，曰："吾常得醉于酒足矣！"妻子固请种粳，乃使二顷五十亩种秫，五十亩种粳。岁终，会郡遣督邮至，县吏请曰："应束带见之。"渊明叹曰："我岂能为五斗米，折腰向乡里小儿！"即日解绶去职，赋《归去来》。征著作郎，不就。

——南朝梁·萧统《陶渊明传》

清·石涛《赠刘石头册》

138　诗品（节选）

［南朝梁］钟　嵘

　　谢灵运曾评价曹植"天下才有一石，曹子建独占八斗"。曹植才高如此，其诗文有自己鲜明独特的风格。钟嵘在《诗品》中将曹植的诗作列为上上品，下面是对其作品源流、风格及成就的评价。

　　其源出于《国风》。骨气奇高，词采华茂，情兼雅怨，体被文质，粲溢今古，卓尔不群。嗟乎！陈思①之于文章也，譬人伦之有周、孔，鳞羽之有龙凤，音乐之有琴笙，女工之有黼黻②。

注　释

① 陈思：指陈思王曹植。
② 黼黻（fǔ fú）：指衣服上所绣的华美花纹。

译　文

　　曹植的诗歌源于《国风》。他的诗极具风骨和气韵，文辞华美，情感上兼有《小雅》怨而不怒的风格，体制上兼具文质，光彩夺目照耀古今，与众不同。啊！陈思王之于文章，就如人之有周公、孔子一样的圣人，如动物之有龙凤，如音乐之有琴笙，如擅长刺绣的女工所绘绣的花纹。

拓　展

　　《诗品》，南朝梁钟嵘著，共 3 卷，选择自汉代至南朝梁的 122 位诗人，别其等第，分为上、中、下三品。每品又依时代先后次序排列，一一予以品评。《诗品》是《文心雕龙》之后出现的一部文学批评名著，对后世诗歌的品评有很大的影响。

清·髡残《雨洗山根图轴》

139 谏太宗十思疏（节选）

［唐］魏 徵

　　《谏太宗十思疏》是魏徵于贞观十一年（637）写给唐太宗的奏章，意在劝其居安思危，戒奢以俭，积其德义。"十思"是奏章提出的十个值得深思的问题。"疏"即"奏疏"，是古代臣下向君主议事进言的文体。唐太宗看后，写了《答魏徵手诏》，表示从谏改过，并将这篇奏疏置于案头，奉为座右铭。下面所选的是开篇部分。

　　臣闻求木之长①者，必固其根本②；欲流之远者，必浚③其泉源；思国之安者，必积其德义。源不深而望流之远，根不固而求木之长，德不厚而思国之理，臣虽下愚④，知其不可，而况于明哲⑤乎！

注 释

　　① 长：生长。这里指长得好。
　　② 本：树根。
　　③ 浚（jùn）：疏通，挖深。
　　④ 下愚：地位低见识浅的人。
　　⑤ 明哲：聪明睿智（的人）。

译 文

　　我听说想要树木长得好，一定要使它的根牢固；想要泉水流得远，一定要疏通它的源泉；想要国家安定，一定要厚积道德仁义。源泉不深却希望泉水流得远，根系不牢固却想要树木生长得高，道德不深厚却想要国家安定，微臣虽然愚笨，也知道这是不可能的，更何况您这聪明睿智的人呢！

拓 展

　　魏徵（580—643），字玄成，钜鹿郡（今河北省巨鹿县）人，唐朝政治家、文学家。因直言进谏，辅佐唐太宗共同创建"贞观之治"的大业，被后人称为"一代名相"。官至光禄大夫，封郑国公，谥号"文贞"。著有《隋书》序论，《梁书》《陈书》《齐书》的总论等，其言论多见于《贞观政要》。

140 滕王阁序（节选）

[唐]王 勃

落日映射下的彩霞与孤鸟一齐飞翔，秋天的江水和辽阔的天空连成一片，浑然一色，这是多么美丽的景象啊！

云销①雨霁②，彩③彻④区⑤明。落霞与孤鹜齐飞，秋水共长天一色。渔舟唱晚，响穷⑥彭蠡⑦之滨，雁阵惊寒，声断衡阳⑧之浦。

注 释

① 销：通"消"，消散。
② 霁(jì)：雨过天晴。
③ 彩：日光。
④ 彻：通贯。
⑤ 区：天空。
⑥ 穷：穷尽，引申为"直到"。
⑦ 彭蠡(lǐ)：古代大泽，即今鄱阳湖。
⑧ 衡阳：今属湖南省，境内有回雁峰，相传秋雁到此就不再南飞，待春而返。

译 文

云消雨停，阳光普照，天空晴朗；落日映射下的彩霞与孤鸟一齐飞翔，秋天的江水和辽阔的天空连成一片，浑然一色。傍晚时分，渔夫在渔船上歌唱，那歌声响彻彭蠡湖滨；深秋时节，雁群感到寒意而发出惊叫，哀鸣声一直持续到衡阳的水滨。

拓 展

滕王阁，与湖北武汉黄鹤楼、湖南岳阳楼并称为"江南三大名楼"，位于江西省南昌市沿江路赣江东岸，始建于唐朝永徽四年(653)，因唐太宗李世民之弟——李元婴始建而得名，因初唐诗人王勃诗句"落霞与孤鹜齐飞，秋水共长天一色"而流芳后世。

141　春夜宴从弟桃花园序

[唐] 李　白

晋穆帝永和九年（353）三月三日，王羲之与谢安、孙绰等四十余位友人在山阴（今浙江绍兴）兰亭"修禊"，王羲之为众人诗作写下《兰亭序》。唐开元二十一年（733），李白与堂弟们春夜宴饮赋诗，并为之写下《春夜宴从弟桃花园序》。"书圣""诗仙"，呼应百代；乐事文华，流誉千载。

夫天地者万物之逆①旅②也；光阴者百代之过客③也。而浮生若梦，为欢几何？古人秉④烛夜游，良有以也。况阳春⑤召⑥我以烟景⑦，大块⑧假⑨我以文章⑩。会桃花之芳园，序⑪天伦⑫之乐事。群季⑬俊秀，皆为惠连⑭；吾人咏歌⑮，独惭康乐⑯。幽赏未已，高谈转清。开琼筵⑰以坐花，飞羽觞⑱而醉月。不有佳咏，何伸雅怀？如诗不成，罚依金谷酒数⑲。

注释

① 逆：迎接。

② 旅：客。

③ 过客：过往的客人。

④ 秉：执。

⑤ 阳春：和煦的春光。

⑥ 召：召唤，引申为吸引。

⑦ 烟景：春天气候温润，景色似含烟雾。

⑧ 大块：大地，大自然。

⑨ 假：借，这里是提供、赐予的意思。

⑩ 文章：这里指绚丽的文采。古代以青与赤相配合为文，赤与白相配合为章。

⑪ 序：通"叙"，叙说。

⑫ 天伦：指父子、兄弟等亲属关系。这里专指兄弟。

⑬ 群季：诸弟。兄弟长幼之序，曰伯（孟）、仲、叔、季，故以季代称弟。

⑭ 惠连：谢惠连，南朝诗人，早慧。这里以惠连来称赞诸弟的文才。

⑮ 咏歌：吟诗。

⑯ 康乐：南朝刘宋时山水诗人谢灵运，袭封康乐公，世称谢康乐。

⑰ 琼筵(yán)：华美的宴席。

⑱ 羽觞(shāng)：古代一种酒器，作鸟雀状，有头尾羽翼。

⑲ 金谷酒数：是罚酒三斗的隐语，后泛指宴会上罚酒三杯的常例。金谷，园名，晋石崇于金谷涧(在今河南洛阳西北)中所筑，他常在这里宴请宾客。

译文

　　天地是万物的客舍，光阴是古往今来的过客。死生的差异，就好像梦与醒的不同，纷纭变换，不可究诘，得到的欢乐，又能有多少呢？古人夜间执着火炬游玩，实在是有道理啊。况且温和的春天以秀美的景色来招引我们，大自然又给我们展现锦绣风光。相聚在桃花飘香的花园中，畅叙兄弟间快乐的往事。弟弟们英俊优秀，个个都有谢惠连那样的才情，而我作诗吟咏，却惭愧不如谢灵运。清雅的赏玩不曾停止，高谈阔论又转向清言雅语。摆开筵席来坐赏名花，快速地传递着酒杯醉倒在月光中。没有好诗，怎能抒发高雅的情怀？倘若有人作诗不成，就要按照当年石崇在金谷园宴客赋诗的先例，谁咏不出诗来，罚酒三杯。

拓展

　　清·余诚《重订古文释义新编》：通篇着意在一"夜"字。开首从天地光阴迅速及人生至短说起。见及时行乐者，不妨夜游，发论极其高旷，却已紧照题中夜宴意，是无时不可夜宴矣。下紧以"况"字转出春来，而春有烟景之召，大块之假，夜宴更何容已耶。于是叙地叙人叙宴之乐，而以诗酒作结。妙无一字不细贴，无一字不新隽，自是锦心绣口之文。

142 陋室铭①

［唐］刘禹锡

刘禹锡的居处虽然简陋，却因主人有"德"而"馨"，也就是说陋室因为有道德品质高尚的人居住而声名远播。

山不在高，有仙则名。水不在深，有龙则灵。斯是陋室②，惟③吾德馨④。苔痕上⑤阶绿，草色入帘青。谈笑有鸿儒⑥，往来无白丁⑦。可以调⑧素琴，阅金经⑨。无丝竹⑩之乱耳⑪，无案牍之劳形。南阳⑫诸葛庐⑬，西蜀子云⑭亭。孔子云：何陋之有？

注 释

① 铭：古代刻在器物上用来警诫自己或称述功德的文字，叫"铭"，后来就成为一种文体。

② 陋室：简陋的屋子，这里指作者自己的屋子。

③ 惟：只。

④ 馨：散布很远的香气，这里指德行美好。

⑤ 上：长到。

⑥ 鸿儒：大儒，这里指博学的人。鸿，同"洪"，大。儒，旧指读书人。

⑦ 白丁：平民。这里指没有什么学问的人。

⑧ 调：调弄，这里指弹（琴）。

⑨ 金经：指佛经（佛经用泥金书写）。

⑩ 丝竹：琴瑟、箫管等乐器的总称，"丝"指弦乐器，"竹"指管乐器。这里指奏乐的声音。

⑪ 乱耳：扰乱双耳。

⑫ 南阳：地名，南阳郡。诸葛亮在出山之前，曾在南阳卧龙岗中隐居躬耕。诸葛亮，字孔明，三国时蜀汉丞相，著名的政治家和军事家，出仕前曾隐居南阳卧龙岗中。

⑬ 庐：简陋的小屋子。

⑭ 子云：扬雄，字子云，西汉时文学家，蜀郡成都人。

译文

　　山不在于高，有了神仙就会有名气。水不在于深，有了龙就会有灵气。这是简陋的房子，只是因为我品德高尚就感觉不到简陋了。苔痕蔓延到台阶上，使台阶都绿了；草色映入竹帘，使室内染上青色。到这里谈笑的都是博学之人，来往的没有知识浅薄之人，可以弹奏不加装饰的琴，阅读佛经。没有弦管奏乐的声音扰乱耳朵，没有官府的公文使身体劳累。南阳有诸葛亮的草庐，西蜀有扬子云的亭子。孔子说：有什么简陋的呢？

拓展

　　铭是一种刻在器物上用来警诫自己、称述功德的文字，后来成为一种文体。铭刻在碑上，放在书案右边用以自警的铭文叫"座右铭"。

清·杨晋《仿古山水》

143　黄州新建小竹楼记（节选）

［宋］王禹偁（chēng）

王禹偁因直言讽谏，屡受贬谪，晚年被贬黄州，故世称"王黄州"。《黄州新建小竹楼记》是他被贬为黄州刺史时所作的一篇散文。文章描绘了竹楼的特点和作者寓居竹楼所领略到的独特风光，我们可与《陋室铭》参读，领略古代文人的雅趣。

子城西北隅，雉堞圮毁①，蓁莽荒秽②，因作小楼二间，与月波楼通。远吞山光，平挹江濑③，幽阒辽夐④，不可具状。夏宜急雨，有瀑布声；冬宜密雪，有碎玉声；宜鼓琴，琴调虚畅；宜咏诗，诗韵清绝；宜围棋，子声丁丁然；宜投壶，矢声铮铮然；皆竹楼之所助也。

注释

① 雉（zhì）堞（dié）圮（pǐ）毁：矮墙毁坏。
② 蓁（zhēn）莽荒秽（huì）：杂草丛生。
③ 平挹（yì）江濑（lài）：平视可以将江滩、碧波尽收眼底。
④ 幽阒（qù）辽夐（xiòng）：清幽静谧、辽阔绵远。

译文

子城的西北角上，矮墙毁坏，长着茂密的野草，一片荒秽，我于是就地建造小竹楼两间，与月波楼相连接。登上竹楼，远眺可以尽览山色，平视可以将江滩、碧波尽收眼底。那清幽静谧、辽阔绵远的景象，实在无法一一描述出来。夏天宜有急雨，人在楼中如听到瀑布声；冬天遇到大雪飘零也很相宜，好像碎琼乱玉的敲击声；这里适宜弹琴，琴声清虚和畅；这里适宜吟诗，诗的韵味清雅绝妙；这里适宜下棋，棋子声丁丁动听，这里适宜投壶，箭声铮铮悦耳；这些都是竹楼所促成的。

拓展

王禹偁（954—1001），字元之，济州钜野（今山东省巨野县）人。北宋太平兴国八年（983）中进士，历任右拾遗、知制诰、翰林学士等职。由于敢于直言讽谏，屡受贬谪。宋真宗即位，授知制诰、黄州知州，故世称王黄州。其为北宋诗文革新运动的先驱，文章师法韩愈、柳宗元，诗歌师从杜甫、白居易，多反映社会现实，风格清新平易，著有《小畜集》。

144 朋党论（节选）

［宋］欧阳修

欧阳修是北宋文豪，古文运动的支持者，《朋党论》是他的代表作。这篇文章写于庆历年间。当时宋仁宗启用范仲淹、韩琦等人，开展"庆历新政"，欧阳修支持新政，写了这篇文章发表自己的观点。

所守者道义，所行者忠信，所惜者名节。以之修身，则同道而相益；以之事国，则同心而共济；终始如一，此君子之朋也。故为人君者，但当退小人之伪①朋，用②君子之真朋，则天下治矣。

注 释

① 伪：假。
② 用：任用。

译 文

君子坚持的是道义，履行的是忠信，珍惜的是名节。用这些来提高自身修养，那么志趣一致就能相互补益；用这些来为国家做事，那么观点相同就能共同前进；始终如一，这就是君子的朋党啊。所以做君主的，只要能斥退小人的假朋党，任用君子的真朋党，那么天下就可以安定了。

拓 展

在中国古代官场，士大夫往往通过同门、同乡、同年等关系，结成各种利益集团，"朋党"因此产生。不同派系之间发生朋党之争也是常事。东汉的党锢之祸、唐代的牛李党争、宋代的元祐党案、明代的东林党案便是其例。这种党派门户互相攻伐的结果，往往是敌对的双方都维护门派利益，置国家社会于不顾，而使政局混乱，政治腐败。

145　赤壁赋（节选）

［宋］苏　轼

　　苏轼，他是豪放的词家，超脱的文人，潇洒的过客，具有人格魅力的大师。他被贬黄州期间，三歌赤壁《念奴娇·赤壁怀古》《前赤壁赋》《后赤壁赋》，充分表现了豁达的宇宙观和人生观。苏轼虽身处逆境却始终保持着超脱、乐观和随缘自适的精神状态，并能从人生无常的怅惘中解脱出来，获得人生的大视野和大境界。

　　苏子曰："客亦知夫水与月乎？逝①者如斯，而未尝往也；盈虚者如彼②，而卒莫消长也。盖将自其变者而观之，则天地曾不能以一瞬；自其不变者而观之，则物与我皆无尽也，而又何羡乎！且夫天地之间，物各有主，苟非吾之所有，虽一毫而莫取。惟江上之清风，与山间之明月，耳得之而为声，目遇之而成色，取之无禁，用之不竭。是造物者之无尽藏也，而吾与子之所共适。"客喜而笑，洗盏更酌③。肴核既尽，杯盘狼籍④。相与枕藉乎舟中，不知东方之既白。

注　释

　　① 逝：往。
　　② 盈虚者如彼：指月亮的圆缺。
　　③ 更酌：再次饮酒。
　　④ 狼籍：凌乱的样子。

译　文

　　苏子问道："你可也知道这水与月？时间流逝就像这水，其实并没有真正逝去；时圆时缺的就像这月，终究没有增减。可见，从事物易变的一面看来，天地间万事万物时刻在变动，连一眨眼的工夫都不停止；而从事物不变的一面看来，万物同我们来说都是永恒的，又有什么可羡慕的呢？何况天地之间，万物各有主宰者，若不是自己应该拥有的，即使一分一毫也不能求取。只有江上的清风，以及山间的明月，听到便成了声音，进入眼帘便绘出形色，取得这些不会有人禁止，感受这些也不会有竭尽的忧虑。这是大自然恩赐的没有穷尽的宝藏，我和你可以共同享受。"客人高兴地笑了，洗净酒杯重新饮酒。菜肴果品都已吃完，杯子盘子杂乱一片。大家互相枕着垫着睡在船上，不知不觉东方已经露出白色的曙光。

拓 展

宋·周密《浩然斋雅谈》："《赤壁赋》谓：'自其变者而观之，则天地曾不能以一瞬；自其不变者而观之，则物与我皆无尽也。'此盖用《庄子》句法：'自其异者而眠之，肝胆楚越也；自其同者而眠之，万物皆一也。'又用《楞严经》意，佛告波斯匿王言：'汝今自伤发白面，皱其面，必定皱于童年，则汝今时观此恒河与昔童时观河之见，有童耄不？'王言：'不也。世尊佛言：汝面虽皱，而此见精性未尝皱。皱者为变，不皱非变，变者受生灭，不变者元无生灭。'东坡《赤壁赋》，多用《史记》语，如杯盘狼藉，归而谋诸妇，皆《滑稽传》；正襟危坐，《日者传》；举网得鱼，《龟策传》；开户视之，不见其处，则如《神女赋》。所谓以文为戏者。"

金·武元直《赤壁图》

146　读孟尝君传

〔宋〕王安石

子曰："士志于道，而耻恶衣恶食者，未足与议也。""士"字篆文为十和一的组合，有人认为表示十里挑一的人。鸡鸣狗盗之徒能否称为"士"呢？王安石是如何看待孟尝君能得士的呢？

世皆称①孟尝君②能得士③，士以故归之，而卒赖其力以脱于虎豹之秦。嗟乎！孟尝君特鸡鸣狗盗之雄耳，岂足以言得士？不然，擅④齐之强，得一士焉，宜可以南面而制秦，尚何取鸡鸣狗盗之力哉？夫⑤鸡鸣狗盗之出其门，此士之所以不至也。

注释

① 称：称颂，赞扬。

② 孟尝君：生卒年不详，名田文，又称文子、薛文、薛公，战国时齐国临淄（今属山东省淄博市）人。

③ 士：士人，指品德好、有学识或有技艺的人。

④ 擅：拥有。

⑤ 夫（fú）：放在句首，表示将发议论。

译文

世人都称赞孟尝君能够招贤纳士，贤士因为这个缘故归附他，而孟尝君终于依靠他们的力量，从像虎豹一样凶残的秦国逃脱出来。唉！孟尝君只不过是一群鸡鸣狗盗的首领罢了，哪里能说是得到了贤士！如果不是这样，（孟尝君）拥有齐国强大的国力，只要得到一个贤士，（齐国）就应当可以依靠国力制服秦国君临天下，还用得着鸡鸣狗盗之徒的力量吗？鸡鸣狗盗之徒出现在他的门庭上，这就是贤士不归附他的原因。

拓展

战国时期，"天下诸侯方欲力争，竞招英雄，以自辅翼。此乃得士则昌、失士则亡之秋也"。魏文侯为抵御强秦，开始大肆招揽人才，甚至拜孔子弟子子夏为师。此举赢得了四方士人的认可,纷纷投靠魏国。吴起、西门豹、乐羊等人都在魏国效力。吴起更是立下赫赫战功,将秦军拒之门外。正是魏文侯的养士之法,使得魏国在战国时期迅速崛起,由此引发了各国的养士之风。同时一些贵族也争相养客,战国四君子春申君、信陵君、孟尝君、平原君,他们依靠自己的影响力,广揽天下人才,其影响一度超过了国君。再如秦相吕不韦,不仅通过门客开展政治活动,更是集门客之力编著了"一字千金"的《吕氏春秋》。

清·陈枚《山水楼阁图册》

147　穷苦之诗

［宋］欧阳修

　　苏轼评价孟郊、贾岛为"郊寒岛瘦"，二人以苦吟著称于世，平生遭遇大体相同。其诗作多写世态炎凉，生活苦难，欧阳修在《六一诗话》中评价二人"以诗穷至死"，以此亦可见其诗风。

　　孟郊、贾岛皆以诗穷①至死，而平生尤自喜为穷苦之句。孟有《移居》诗云："借车载家具，家具少于车。"乃是都无一物耳。又《谢人惠炭》云："暖得曲身成直身。"人谓非其身备尝②之不能道此句也。贾云："鬓边虽有丝，不堪织寒衣。"就令织得，能得几何？又其《朝饥》诗云："坐闻西床琴，冻折两三弦。"人谓其不止忍饥而已，其寒亦何可忍也。

　　　　　　　　　　　　　　　　　　　　　　　　——《六一诗话》

注　释

　　① 诗穷：指文人生活贫困。
　　② 备尝：尝尽。

译　文

　　孟郊、贾岛都因为写诗穷困到死，但是一生又尤其喜欢写一些贫穷困苦的诗句。孟郊在《移居》一诗中写道："借车载家具，家具少于车。"就是没有任何东西。又在《谢人惠炭》中写道："暖得曲身成直身。"人们都说如果不是自己受尽这种滋味是写不出这样的句子的。贾岛写道："鬓边虽有丝，不堪织寒衣。"就是能织，能得多少呢？他在《朝饥》一诗中写道："坐闻西床琴，冻折两三弦。"人们说这不只是在忍受饥饿，其中的寒冷又怎么忍受得了。

拓　展

　　《六一诗话》由宋朝欧阳修所撰，是文学理论史上第一部以"诗话"为名的著作，开启后代诗歌理论著作的新体裁，各则诗话条目之间没有逻辑联系，其中有大量篇幅用来鉴赏品评炼意新奇而用语精巧的好诗佳句。

148 晚唐佳句

［宋］欧阳修

　　晚唐时，唐诗由盛转衰，诗人不再具备李白、杜甫那种豪放的气度，而往往雕词琢句，深思苦吟，以致失去了天然意态，成就远逊于盛唐时期。但诗句经过反复锤炼，精益求精，也有传世的佳篇好句。

　　唐之晚年，诗人无复李、杜豪放之格，然亦务以精意相高。如周朴①者，构思尤艰，每有所得，必极其雕琢，故时人称朴诗"月锻季炼，未及成篇，已播人口"。其名重②当时如此，而今不复传矣。余少时犹③见其集，其句有云："风暖鸟声碎，日高花影重。"又云："晓来山鸟闹，雨过杏花稀。"诚④佳句也。

——《六一诗话》

注 释

　　① 周朴（？—878）：字见素，一作太朴，福州长乐人。工诗，隐居于嵩山，与诗僧贯休、方干、李频为诗友。
　　② 名重：名声显赫。
　　③ 犹：还，尚且。
　　④ 诚：的确，实在。

译 文

　　唐朝晚期的时候，诗人不再是李白、杜甫那种豪放的风格，然而务必要用词精确有意境才好。如周朴，构思尤其困难，每次有所得的时候，一定极力进行修饰加工，所以，当时人们称周朴的诗"成年累月琢磨思考，还没有最终完成，便已传颂开来"。他在当时就如此有名，然而如今不再流传了。我年少的时候还见过他的文集，他在诗句中写道："风暖鸟声碎，日高花影重。"又写道："晓来山鸟闹，雨过杏花稀。"的确是好句子。

拓 展

　　唐诗分期由来已久。宋代严羽《沧浪诗话》首先把唐诗分为"唐初""盛唐""大历"

"元和""晚唐"五体，元代杨士弘在《唐音》中又将"大历""元和"两体合并为"中唐体"。至明初高棅编《唐诗品汇》时，明确提出"有初唐、盛唐、中唐、晚唐之不同"。这种四分法，也为后代多数研究者所采用。但对于唐诗四期的起讫，各家又有不同的观点，下面是其中的一种分法。

初唐（618—712）：约100年。这一时期的代表作家是"初唐四杰"王勃、杨炯、卢照邻、骆宾王以及陈子昂。在文风上，初唐诗作气象万千，雄浑博大，已经从南朝纤狭绮靡的宫体诗中走出，开辟了新的世界。

盛唐（712—675）：约50年。这一时期经济繁荣，国力强盛，唐诗发展至顶峰时期，题材广阔，流派众多，出现了两位光耀千古的伟大诗人李白和杜甫，"边塞诗人"高适、岑参与"山水田园诗人"王维、孟浩然等。

中唐（766—835）：约70年。中唐的诗歌，是盛唐的延续。前期代表诗人为刘长卿、韦应物、卢纶、李益，后期则出现"新乐府诗派""韩孟诗派"。白居易、元稹领导了新乐府运动。

晚唐（836—906）：约70年。晚唐时期是唐诗由盛转衰的年代，多数的诗人以模仿前人为本事，气度不足，艺术成就不高。较著名的诗人有温庭筠、李商隐、杜牧、韦庄等。

清·王时敏《仿吴仲圭山水》

149 《幽梦影》二则

[清] 张 潮

"三更灯火五更鸡，正是男儿读书时"，读书要趁早，要勤奋。张潮所著的《幽梦影》中提出不同的书还有自己适宜的季节呢！春、夏、秋、冬分别读些什么书合适呢？

读经宜①冬，其神专也；读史宜夏，其时久也；读诸子宜秋，其致别也；读诸集宜春，其机畅②也。

先读经，后读史，则论事不谬于圣贤；既读史，复③读经，则观书不徒④为章句。

注 释

① 宜：适合。
② 机畅：生机盎然。
③ 复：再。
④ 徒：只。

译 文

读经书，在冬天最适宜，因为这时人的精神最集中，可以进入深沉的思索；阅览历史著作，则适宜在夏天，因为这时白昼时间长，可以酣畅淋漓地读书；欣赏诸子百家的作品，适宜于秋天，因为这时天高气爽，读起书来别有一番风味；读集部作品，春天最适宜，因为这时万物复苏，鸟语花香，读起书来最为舒畅。

先读儒家的经典书籍，然后读史书，那么谈论古人之事时就不会偏离圣贤的想法；已经读过史书，再读儒家的经典书籍，那么看书时就不只是为了书中的篇章和句子。

拓 展

张潮（1650—约1709），字山来，号心斋居士。清代文学家，官至翰林院孔目，著有《幽梦影》《虞初新志》等。《幽梦影》是一部求美的著作，书中不平、讽刺的表现形式都是温和的。石庞为《幽梦影》作序，评此书"以风流为道学，寓教化于诙谐"。

明·蓝瑛《仿宋元册页》

150 《人间词话》二则

王国维

　　贾岛"推敲"的典故告诉人们写诗用字要反复揣摩，仔细斟酌，才能不断进步。王国维的《人间词话》也表达了如果一个字用得妙，整个句子就会产生不同的境界。你知道哪些画龙点睛之笔呢？

　　词以境界为最上。有境界①，则自成高格②，自有名句。五代③、北宋之词所以独绝者在此。

　　"红杏枝头春意闹"，着一"闹"字而境界全出；"云破月来花弄影"，着一"弄"字而境界全出矣。

注 释

　　① 境界：指作品的精神界域，指作品表现的诗人修养方面的造诣，也可以是诗人真切感受的表现。
　　② 高格：格调高，上品。
　　③ 五代：唐朝灭亡之后，在中原地区相继出现的五个朝代，分别是后梁、后唐、后晋、后汉、后周。

译 文

　　词作以有境界者为优，有了境界自然格调高，自然有名句，五代、北宋时期的词作之所以优秀，原因就在于此。

　　"红杏枝头春意闹"，用了一个"闹"字，这个意境就鲜活起来了。"云破月来花弄影"，用了一个"弄"字，整个句子就有了意境。

拓 展

　　王国维（1877—1927），初名国祯，字静安、伯隅，初号礼堂，晚号观堂，又号永观，浙江海宁（今属浙江省嘉兴市）人，近代著名学者。他把西方哲学、美学思想与中国古典哲学、美学相融合，形成了独特的美学思想体系，在词曲戏剧、史学、古文字学、考古学诸多领域成果甚丰。其文学批评的重要作品有《人间词话》《红楼梦评论》《宋元戏曲考》。

151 甲骨卜辞·受年①

　　甲骨文是我国已知最早的成体系的文字,对我们研究汉字发展与商代社会均有着极其重大的意义。在审美意义上,甲骨文堪称最早的文学作品与精美的书法作品(参读《文化记忆四·中国书法》)。作为文学作品,下面一篇简短的卜辞,不仅叙述完整,而且语言精致,具有鲜明的节奏感,让我们想起汉乐府中的一首歌:江南可采莲,莲叶何田田,鱼戏莲叶间。鱼戏莲叶东,鱼戏莲叶西……

　　己巳②,王卜贞③:"今岁商受年④?"王占曰:"吉。""东土受年?"吉。"南土受年?"吉。"西土受年?"吉。"北土受年?"吉。

注 释

　　①《甲骨卜辞·受年》这篇卜辞选自《甲骨文合集》,以此编者将其归入集部总集类。

　　② 己巳(sì):古代天干地支纪元方法。天干地支纪年法是十干和十二支依次相配,组成六十个基本单位,两者按固定的顺序互相配合,如甲子、乙丑、丙寅等,己巳是其中之一。

　　③ 卜贞:占卜,指原始民族用龟壳等手段和征兆来推断未来的吉凶祸福,并提出解决方案的方法。

　　④ 今岁商受年:今年商获得大丰收吗? 受,接纳。年,谷物丰收。

译 文

　　在己巳这一天,王占卜贞问:"今年商地会有好收成吗?"王占卜后说:"吉。""东方土地会有好收成吗?"吉。"南方土地会有好收成吗?"吉。"西方土地会有好收成吗?"吉。"北方土地会有好收成吗?"吉。

拓 展

　　甲骨文又称"契文""甲骨卜辞",主要指我国商朝时期王室用于占卜记事刻在龟甲或兽骨上的文字,是我国已知最早的成体系的文字。甲骨文最早被河南安阳小屯村的村民们发现,被当作包治百病的药材"龙骨"使用。晚清金石学家王懿荣在抓药时,发现了"龙骨"上的图形文字,并进行研究,成为甲骨文研究的奠基人。继王懿荣之后,许多著名的学者如罗振玉、王国维等进行了卓有成效的考释和研究,逐渐形成了一门专门的学问——甲骨学,与敦煌学、红学并称显学。

152 周王命盂

　　著名考古学家陈梦家在《西周铜器断代》中盛赞大盂鼎："所见铜器中的重器，此鼎应为第一瑰宝。铭文之长虽不及毛公鼎，但内容更为重要而形制厚重雄伟。此器重量不及殷代的司母戊方鼎和大克鼎，而制作精于后者。制作、铭文和体量又都超过虢季子白盘。"下面是大盂鼎铭文的开篇部分，语言简古，而自然成韵。

　　惟①九月，王②在宗周③，命盂④。王若曰：盂！丕⑤显⑥文王⑦，受天有大命，在武王嗣⑧文王作邦，辟⑨厥⑩慝⑪，敷⑫有四方。

——《西周大盂鼎铭文⑬》

注 释

① 惟：发语词，无实义。

② 王：指周康王。

③ 宗周：即周朝。

④ 盂（yú）：人名，周康王时朝臣。

⑤ 丕：大。

⑥ 显：明。

⑦ 文王：指周文王。

⑧ 嗣（sì）：继承。

⑨ 辟：排除。

⑩ 厥：代词，相当于"其"。

⑪ 慝（tè）：罪恶，邪恶。

⑫ 敷（fū）：铺展，铺开。

⑬ 这篇铭文选自《殷周金文集成》，以此编者将其归入集部总集类。

译 文

　　九月王在宗周册命盂。王这样说：伟大英明的文王，接受了上天的重大使命。到了武王，继承文王建立了周朝。除去了那个奸恶（指商纣王），拥有了四方土地。

拓展

　　大盂鼎又称廿三祀盂鼎,是西周早期青铜礼器中的重器,1849年出土于陕西郿县礼村,1952年藏于上海博物馆,1959年转至中国历史博物馆(现中国国家博物馆),是中国首批禁止出国(境)展览文物。鼎高101.9厘米,口径77.8厘米,重153.5千克,并铸有291字的长篇铭文,记载了周康王对盂的训诰。

文化记忆四·中国书法

中国书法是汉字的书写艺术，以汉字为依托。而汉字是中国文化的基本要素之一。汉字经历了从甲骨文、金文、小篆、隶书至草书、楷书、行书的演变，书法艺术与汉字形态的演化密不可分。甲骨文和金文已经具有了书法的形式美，随着西周晚期金文趋向线条化，汉字由篆书向隶书的发展，文字的象形性削弱了，而书法的艺术性却日益丰富。书法艺术博大精深，充分体现了中国哲学精神，也反映出创作主体的精神、气质、学识和修养。

殷商甲骨文

甲骨文是殷商时期刻在龟甲、兽骨上的文字，已具备了中国书法结字、章法等基本要素。

《祭祀狩猎涂朱牛骨刻辞》，商代武丁时期的作品，字形大小错落，生动有致。

殷周金文

金文是殷商与周朝铸造在青铜器上的铭文，也叫钟鼎文。金文上承甲骨文，下启秦代小篆，由于多刻于钟鼎之上，较甲骨文更能保存书写原迹，具有古朴典正的风格。

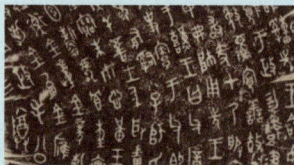

毛公鼎是西周青铜器中的重器，属于周宣王时期。其铭文书体结构匀称，线条遒劲，布局妥适，是金文发展到成熟期的代表作品。

秦小篆

小篆是秦统一后的文字，在金文的基础上进行了简化。

泰山刻石是小篆书体的代表作品，书写者为秦丞相李斯。

汉代书法

隶书的出现是汉字书写的一大进步，是书法史上的一次革命，使汉字趋于方正，为以后各种书体流派奠定了基础。

汉代300余年间，书法由籀篆变为隶分，由隶分变为章草、真书、行书，至汉末，汉字书体已基本齐备。因此，汉代是书法史上由不断变革而趋于定型的关键时期。隶书是汉代普遍使用的书体。

张迁碑

魏晋南北朝书法

魏晋时期是中国书法史上一个伟大的时代。真书、行书、草书的书体定型就发生在这一时期，而三种书体的定型、美化是书法史上的又一大变革。这一时期还造就了两位大书法家——钟繇、王羲之。他们树立了真书、行书、草书美的典范，揭开了中国书法发展史上新的一页。王羲之被尊为"书圣"，与其子王献之并称"二王"。王珣有《伯远帖》传世，是现今学术界公认的唯一晋帖真迹，与《快雪时晴帖》《中秋帖》并称"三希帖"。

南北朝时期，北朝文字刻石通称为"魏碑"，其书体风格多样，对后来的隋和唐楷书体的形成产生了巨大影响，代表作有《郑文公碑》《张猛龙碑》等。

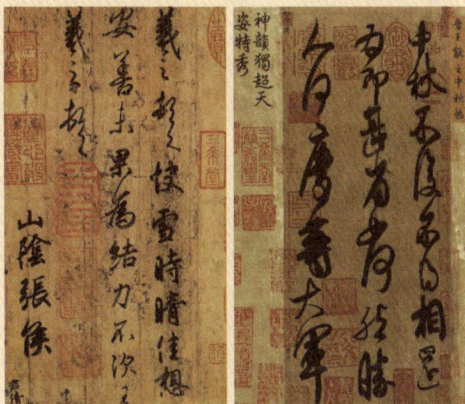

东晋·王羲之《快雪时晴帖》

东晋·王献之《中秋贴》

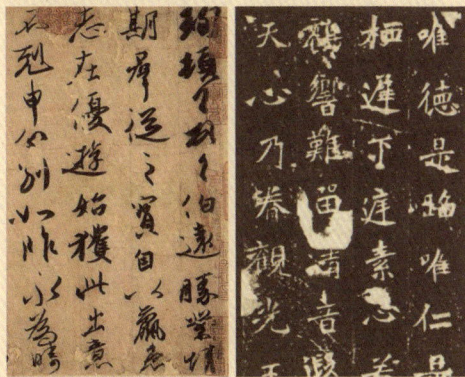

东晋·王珣《伯远帖》

北魏·《张猛龙碑》

唐代书法

唐朝的建立结束了近三百年的动乱局面，经历了唐太宗时期的"贞观之治"、唐玄宗时期的"开元盛世"，社会呈现出空前的兴盛气象。

唐代文化博大精深、灿烂辉煌。唐代书法对前代既有继承又有革新，涌现出诸多著名的书法大家，如欧阳询、褚遂良、张旭、颜真卿、柳公权、释怀素、钟绍京、孙过庭等，为后世留下了许多弥足珍贵的书法作品。颜真卿、柳公权的楷书作品素有"颜筋柳骨"的美誉，张旭、怀素由于擅长奔放的草书被后世称为"颠张醉素"，而张旭被尊为"草圣"。

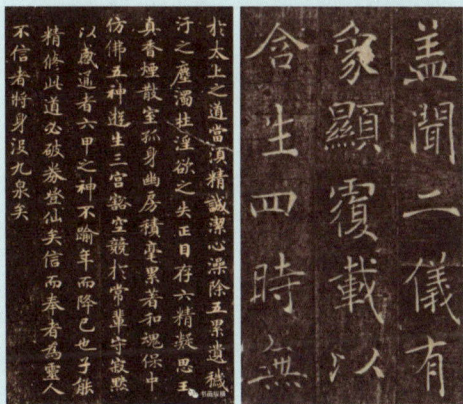

唐·钟绍京《灵飞经》

唐·褚遂良《雁塔圣教序》

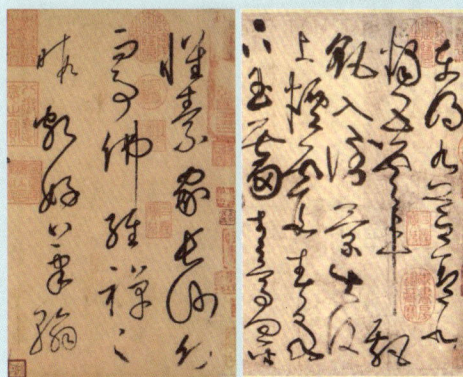

唐·怀素《自叙帖》

唐·张旭《古诗四帖》

宋元书法

宋代书法，承唐继晋，开创了一代新风。宋太宗时摹刻成《淳化阁帖》，以此倡导"帖学"。宋代书法注重意趣，打破了前人法度，从而开辟了新的道路。与唐人"尚法"不同，宋代书法大畅"尚意"之风；宋代书法家重视自身的修养，诗人、词人的加入，也给书法注入了抒情意味。而帖学大行以及帝王、权臣的书体影响也限制了书法的发展。宋代书法以苏轼、黄庭坚、米芾和蔡襄为代表，史称"宋四家"，赵佶的"瘦金体"也独具一格。元代书法曾一度出现兴盛局面，代表书法家有赵孟頫、鲜于枢等。

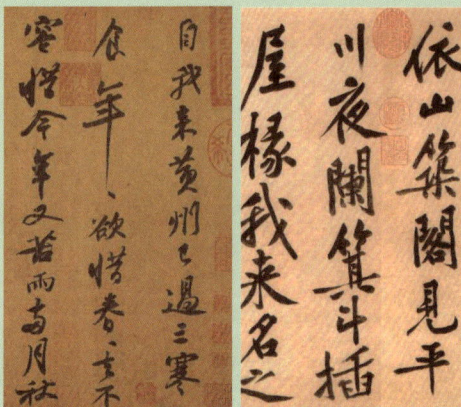

宋·苏轼《寒食诗帖》　宋·黄庭坚《松风阁帖》

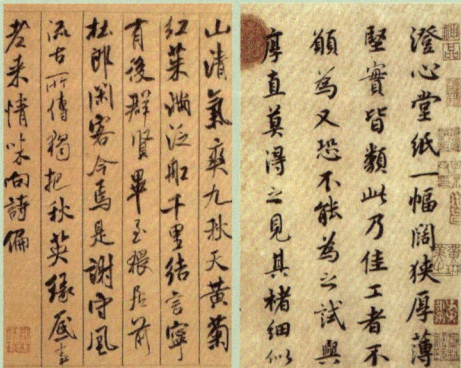

宋·米芾《蜀素帖》　宋·蔡襄《澄心堂帖》

明清书法

明代也是帖学大盛的一代。明代士大夫几乎完全承袭了赵孟頫的格调，重视雅丽的楷书、行书创作。近三百年间，虽然也出现了诸如董其昌、文徵明、祝允明等一些有造诣的大家，但始终没有出现重大的突破和创新。

永乐至正统年间（1403—1449），杨士奇、杨荣和杨溥（"三杨"）先后入职翰林院和文渊阁，写了大量的制诰碑版，倡导出"台阁体"。这种书体以姿媚匀整为工，但缺乏生气，士子为仕进竞相摹习，使书法在整体上失去了艺术情趣和个人风格。

清代初年，政府采取了一系列稳定政治和发展经济文化的措施，书法也因此得以弘扬。乾隆时，敕令朝臣将内府所藏魏晋以来书法家名迹编刻成《三希堂法帖》，又著录了我国书画史上集大成者《石渠宝笈》。清中期，兴起了金石学，实现了由帖学至碑学的转变。至清末，碑学尤为昌盛，其影响直至当代。

清代书法由继承、变革到创新，成就了一批造诣卓著的大家，实现书法的中兴。

明清书法的代表人物有：董其昌、文徵明、祝允明、王铎、朱耷（八大山人）、郑燮、金农、邓石如、伊秉绶、何绍基、赵之谦、吴昌硕、康有为等。

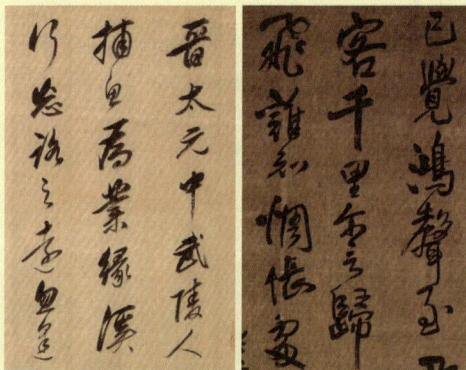

明·董其昌《桃花源记》明末清初·王铎《送友俚作》

器以藏礼:校园文化的博物内涵

肖 慧

文物是传统文化的重要物质载体,蕴含着优秀传统文化的思想精华和道德精髓,也包含着以爱国主义为核心的民族精神和以改革创新为核心的时代精神。中华文明源远流长,数千年的历史留下来极其丰厚的文物资源,这些珍贵的历史遗存大都保存在各地的博物馆之中。作为博物馆大国,我国已备案博物馆有 5500 余家。如何将丰富的博物馆资源有效转化为中小学教育教学资源,让文物发出历史的回声,让学生有机会感知荡气回肠的文明进程,感受博大精深的传统文化,这些都是值得我们深思的问题。笔者认为从校园景观构筑、相关课程设置及育人形式建构等方面推动文物教育资源与学校教育需求的有机衔接,与博物馆的实体文物资源形成呼应与互动,是一个行之有效的方式。教育者应根据不同学段学生的认知特点,分层次、有梯度、多元化地展开教育实践活动,实现校园文化建设的博物功能,让学生感知器类、器型,了解器用、器饰,理解文物的文化内涵,从而体会到传统诗礼文化蕴含的思想精华与民族精神。

一、器以藏礼的内涵

"器以藏礼"出自《左传·成公二年》孔子的著名论断:"名以出信,信以守器,器以藏礼,礼以行义,义以生利,利以平民,政之大节也。"意思是,礼器具有礼的内涵,是礼制的象征。因此,孔子指出"唯器与名不可以假人",反之则会导致国家衰亡。这就强调了器的重要性,《论语》也有几处相应的记载。这里的"器",指的是特定的礼器,既含有标识身份地位的器物的规定,也含有乐舞等内容及仪式的规制。"器以藏礼",即以"器"作为象征手段,将礼制通过礼器贯彻于仪式中;就器物而言,其形制、色彩、纹饰、数量等,都可以视为礼的一种表征。

六艺、五经(或"六经")、五常等概念构成了儒家教化的核心,也构建了中华传统文化的基础。而"礼"始终处于这些传统文化核心概念之中,可以说,礼文化贯穿了中华文明发展历程。

"器以藏礼"则体现了中国古代传统文化的基本特色。古代器物体现出一种礼的尺度与乐的精神,将秩序与和谐观念贯彻于日常生活之中。孟子指出礼的实质在于"节文","节"是调节,着重强调节制之义,即孔子所说"约之以礼"的"约";"文"是修饰,在人事上体现为礼节、礼仪,在器物上体现为器用、器饰。礼下藏于器,器上达于礼。先民为我们留下了璀璨的物质文化遗产,因此,观器可以作为我们打开古代礼文化乃至中国传统文化之门的一把钥匙。

《礼记》中有《礼器》一章,这里的"礼器"意思是有礼方可成器。器以喻人,成器即是成才。孔子曾经称许子贡为瑚琏之器,是说他才识出众,像供在庙堂的贵重礼器——瑚琏一般堪当大任。孔子又进一步说"君子不器",提醒我们要博学通识,不要囿于一隅。

综上所述,理解"器以藏礼"的意义,深入发掘其内涵,结合校园文化建设、教育教学活动开展,有助于我们探讨博物育人的新思路,生成博物育人的新举措,展开博物育人的新图景。

二、博物与传统文化教育

中国的器物由原始至当代,历经了石器、陶制、青铜,到达了漆器、瓷器、珐琅器,世间百工,兼创百器,为中国文化留下了璀璨的一笔。尤其是青铜器以其独特的器形、精美的纹饰、典雅的铭文向人们揭示了先秦时期的铸造工艺、文化水平和历史源流,被史学家称为"一部活生生的史书"。

中国青铜器在仰韶文化早期和马家窑文化时期就已经出现,最初的青铜器是小型工具或饰物。夏代始有青铜容器和兵器。殷商至西周早期,是青铜器发展的鼎盛时期,器型多种多样,纹饰繁缛富丽,铭文也逐渐加长,具有极高的艺术价值,代表着中国5000多年高超的工艺技术与文化,在世界青铜器中享有极高的声誉。

商周时期,青铜器日益形成了四大造型系列:容器、乐器、兵器、车马器。其中,青铜容器最为丰富,诸如鼎、鬲、甗、瓿、簋、爵、觚、斝、罍、壶、盘等都留下了代表性器物。大盂鼎、毛公鼎、散氏盘、虢季子白盘被列为"四大青铜"重器,除了内容丰富的铭文之外,其精彩绝伦的形制也令观者叹为观止。教师通过多种手段引导学生认知这些代表性器物,调动学生的直观思维,可以为具体感知中国古代社会文化乃至典章制度打下基础,还可以与经典诵读相结合,深入理解器物蕴含的文化内涵。例如,《论语》中曾记载孔子"觚不觚,觚哉!觚哉"的感慨,看似孔子对觚的形制改变的不满,其实是孔子借器感叹春秋时代的"礼崩乐坏",这就说明了器物的形制与礼仪密不可分。

青铜器上承陶瓷器,在商周时期主要是上层社会使用的器物,并且成为早期社会礼仪制度的象征。随着社会发展和古代科技的进步,其大部分功能逐渐被瓷器所替代。瓷器富有各种极具世俗审美和民间情趣的图案纹饰,成为反映当时社会风貌的重要组成部分。此外,瓷器还被广泛创烧,不少精美的产品远销海内外,使得我国在世界上享有"瓷器之国"的美誉。通过了解器物的演化过程,我们可以引导学生认识中国古代社会的科技发展,更深切地感知中国古代物质文化的丰富与博大。

古玉器是人类古代文明里中华文明所独有的器物,主要用作礼器和配饰。《周礼》记载:"以玉作六器以礼天地四方,以苍璧礼天、黄琮礼地、青圭礼东方、赤璋礼南方、白琥礼西方、玄璜礼北方。"六器祭祀天、地、四方之神。在玉种、色彩和器形上,规定得十分明确。春秋战国时期,玉器具有丰富的文化象征意义,被广泛用在日常和礼仪生活中。

《荀子·大略》:"聘人以圭,问士以璧,召人以瑗,绝人以玦,反绝以环。"教师应当结合博物馆实物与相关图片,引导学生逐步认识古玉器的造型,感受玉质之温润、器型之精美,进而理解其丰厚的文化内涵。

辨识器饰之美,也是校园文化博物教育的重要内容。古代器物的文饰之美主要体现在丰富多彩的纹样装饰上。

纹样作为中国传统文化的重要组成部分,从早期简单的纹样到朴质的青铜器纹饰,再到后世精美繁复的器物图案,可以说纹样装饰贯穿于古代历史发展的整个流程,反映出不同时期的风俗文化,体现着中国古代社会不同时期独特的艺术审美观。自古以来,我国的装饰纹样多含有一定的寓意,有许多是与古代的图腾意识相联系,在一定程度上反映了当时人们的思想、意志和情趣。

中国素有"衣冠之国"的美称,在中华民族5000多年的文明史中,服饰承载着厚重的传统文化内涵和丰富的美学意蕴,中国古代服饰中的十二章纹图案突出地体现了这些特征。根据《尚书·益稷》,十二章纹依次为日,月,星辰,山,龙,华虫,宗彝,藻,黼,火,粉米,黻。关于十二章纹的意义,宋人蔡沈解释说:"日、月、星辰,取其照临也;山,取其镇也;龙,取其变也;华虫,雉,取其文也;宗彝,虎蜼,取其孝也;藻,水草,取其洁也;火,取其明也;粉米,白米,取其养也;黼,若斧形,取其断也;黻,为两己相背,取其辨也。"十二章纹各有特定的象征意义,无不把人和自然紧密和谐地维系在一起,代表着深刻而深厚的政治与文化寓意。

纹样既具有直观的形象性,又具有寓意的抽象性。通过校园文化与教育实践活动的多层次互动,教师应引导学生了解与应用中国传统纹样,懂得中国传统纹样所蕴含的思想文化,感受中国传统文化的特殊魅力,并能运用纹样的形式装饰生活用品,从而激发学生热爱、尊重传统文化的思想感情。

古老之器物,文化之精魂。器物也是打开中国古代科技的一把钥匙。通过观器,点燃学生的科学之梦,激发他们探索科学奥秘的兴趣,这也是校园文化博物教育的要义之一。我们生活的时代,科学不断进步,工艺也越来越精致。然而,当我们回头细看历史,从保存至今的艺术品或者考古中就能发现,先人的作品与技术依旧让人折服!例如,春秋中期的青铜云纹禁,整体用失蜡法(熔模工艺)铸就,工艺十分繁复而精良,令人叹为观止。再如,战国曾侯乙编钟,采用了铜焊、铸镶、错金等一系列复杂的工艺以及圆雕、浮雕、阴刻、髹漆彩绘等装饰技法,充分体现了中华古代文物的科技含量、工艺水平与审美高度。

三、博物与爱国主义教育

中国自古就有华夏大地的美誉。唐代孔颖达对"华夏"注释道:"夏,大也。中国有礼仪之大,故称夏;有服章之美,谓之华。华、夏一也。"这句话的意思是中国是礼仪之邦,具大国之风,所以称之为"夏";中国有服章之盛,具文饰之美,所以称之为"华"。这种说法其实是对古代中国器服华采之美、文明道德之盛的一种赞美，准确地点明了中华民族含有精美的服饰与悠久的礼仪等内涵，是衣冠上国与礼仪之邦合而为一。由此可见，"华夏"二字正是古代中国礼仪之大服章之美的集中概括。

当然，我们不会忘记中华文化中蕴含的伟大的工匠精神。自古以来，中国就有悠久的工匠传统和丰富的匠作传承。早在6000多年前，华夏先人就开始制作玉器。朱熹对《论语•学而》中的"如琢如磨"作了注解："治玉石者，既琢之而复磨之；治之已精，而益求其精也。"这是对工匠精神的最好诠释。青铜器、瓷器、玉器以及服饰、家具乃至古代建筑都是我国工匠艺人创造出来的文明成果，都承载着弥足珍贵的工匠精神。

中国是文化遗产大国，历史上通过正常贸易和对外交往出境的文物数量巨大；近代以来，大量文物因为战争劫掠、盗窃盗掘等原因流失海外。世界各国对中国文物青睐有加，说明了中国古代工艺高超、文物精美，极具收藏价值。晚清时期，帝国主义列强通过战争方式对中国文物大肆掠夺，以恶劣手段据为己有，大量珍贵文物流落海外，成为他国博物馆重器。流失文物是中国文化遗产不可分割的重要组成部分，寄托着中国人民质朴深沉的历史情感和文化记忆。教师可以将校园文化宣传栏与课堂教学（如五年级语文课文《圆明园的毁灭》）、少先队实践活动融合贯通，激起学生的民族自豪感、文化自信感与时不我待的紧迫感。

随着中国综合国力的日益增强和国际话语权的日渐增大，流失文物回归成果丰硕，圆明园虎鎣、秦公金饰片、皿方罍器身、曾伯青铜器等一大批珍贵文物，自欧洲、北美、日本等地重回祖国。"民族弱则文物失，国运强则文化兴"，文物"回家"一路见证了中华民族从屈辱颠沛到富强兴盛的伟大历程，为中华民族的复兴之路标下鲜明注脚。通过校园文化的精心设计，将文物从流失到回归的过程客观地还原，直观地表现出来，呈现在校园环境之内，让学生在日常学习过程中自然地切身感受、相互交流，这正是激发学生爱国情怀、增强民族自豪感和责任感的生动途径。

习近平总书记指出，要注重文明传承，让历史说话，让文物说话，传承祖先的成就和光荣、增强民族自信和文化自信。器物代表了一个国家的历史和文化发展水平，文化是"自然界的结构留在民族精神上的印记"。教育者要做的是引导学生理解传统器物蕴含的优秀文化，感悟璀璨的中华物质文明。当然，我们也要结合学生的年龄特点，注重校园文化潜移默化的熏陶以及教育实践活动的层次，笔者认为低年级学生应重在认知器物之丰，初识器之类、器之形；中年级学生则应侧重了解器饰之美，理解器之用、器之饰；高年级学生应该着重挖掘器物的文化之蕴（即"器以藏礼"）的深刻内涵并在日常生活中尝试运用。这既是不断深入的探究过程，更是对传统诗礼文化蕴含的思想精华与民族精神的逐步内化。